Petra-Alexa Prantl

Treffpunkt Himmel

Perspektiven zum Dach der Welt

www.tredition.de

Coverentwurf:	Petra-Alexa Prantl
Lektorat:	Sylvia Bernhard-Kasanmascheff
Korrektorat:	Sylvia Bernhard-Kasanmascheff
	Gottfried Prantl
	Cornelia Schubert
Fotos	pixabay

Verlag & Druck: tredition GmbH, Halenreie 40-44, 22359 Hamburg

ISBN
Paperback   ISBN 978-3-347-01078-9
Hardcover   ISBN 978-3-347-01079-6
e-Book   ISBN 978-3-347-01080-2

Petra-Alexa Prantl

Treffpunkt
Himmel

Perspektiven zum Dach der Welt

Petra-Alexa Prantl wurde 1953 in Nürnberg geboren. Sie studierte Pädagogik an der Universität Erlangen-Nürnberg. Nach der Familienphase arbeitete sie als Lehrerin und unterrichtete vorwiegend romanische Sprachen. Neben ihrer Vorliebe für die Natur, für Musik und Philosophie führte ihre Reiselust sie in viele Teile der Erde, unter anderem in den Grand Canyon, nach Grönland und Neuseeland.

Dieses Buch widme ich

in Dankbarkeit

meinen Eltern

Inhaltsverzeichnis

Vorwort   13

Teil I

Der Himmel ist nur da, die Erde zu ergänzen   17

Das Himmelsverständnis alter Hochkulturen   21

Astronomische Betrachtungen (frühe Kulturen und Antike)   25

Teil II

Verschiedene Perspektiven zum Himmel   31

1. Kapitel: Aus naturwissenschaftlicher Perspektive   32

    Astronomie/Astrophysik   32

1.1   Die Atmosphäre und ihre Entstehung   32

1.2   Schichten und Funktionen der Atmosphäre   33

1.3   Himmelskugel, Himmelspol, Himmelsäquator   37

1.4   Sonne, Mond und Sterne   38

1.5   Berühmte Astronomen   40

    Physik

1.6   Blick vom All auf die Erde   42

1.7   Das Blau des Himmels   42

1.8   Lichtverhältnisse am Himmel, Rayleigh-Streuung   43

1.9 Die Farbenpalette des Himmels 44

1.10 Dämmerungsphänomene 45

1.11 Gewitter und Polarlichter 46

1.12 Der Traum vom Fliegen 49

 Mathematik 49

1.13 Mathematik als Grundlage der Astronomie und Astrophysik

2. Kapitel: Aus philosophischer Perspektive 53

2.1 Philosophie und Naturwissenschaften 53

2.2 Der Himmel in der Antike 54

2.3 Der Himmel im Neuplatonismus und Pantheismus 55

2.4 Der Himmel bei Seneca, Kant, Schopenhauer und Nietzsche 57

3. Kapitel: Aus sprachlicher Perspektive 61

3.1 Das Wort und seine Etymologie 61

3.2 Der Himmel im gegenwärtigen Sprachgebrauch 63

4. Kapitel: Aus literarischer Perspektive 65

4.1 Johann Wolfgang von Goethe „Prolog im Himmel" (Faust) 65

4.2 Dante Alighieri „Die göttliche Komödie" 66

4.3 Friedrich Schiller „Ode an die Freude" 67

4.4 Wassily Kandinsky „Über das Geistige in der Kunst" 68

4.5 Gottfried Benn „Blaue Stunde" 69

5. Kapitel: Aus musikalischer Perspektive   71

5.1   Gregorianischer Gesang und Kirchenmusik   72

5.2   Geistliche Musik des Mittelalters, der Renaissance, des Barock 73

5.3   Himmelszitate großer Komponisten   75

6. Kapitel: Aus religiöser Perspektive

6.1   Das Himmelsverständnis in den fünf Weltreligionen   79

    Christentum, Judentum, Islam, Buddhismus, Hinduismus

7. Kapitel: Aus künstlerischer Perspektive   81

7.1   John Constable und die Darstellung des Himmels   83

7.2   Himmelsmotive von der Renaissance bis zum Surrealismus   84

    (von Michelangelo bis Kandinsky)

8. Kapitel: Aus architektonischer Perspektive   93

8.1   Himmelsbauten verschiedener Kulturepochen

Teil III

Nachwort   97

Personenverzeichnis   101

Stichwortverzeichnis   107

Literaturverzeichnis   113

Vorwort

Beim Anblick eines großartigen Sonnenuntergangs am Meer wird sich kaum jemand fragen: was hat das mit Mathematik oder Physik zu tun? Unglaublich ist, dass schon **370 vor Christus** ein Mann dazu gesagt hat:

„Nur scheinbar hat das Ding eine Farbe,

nur scheinbar ist es süß oder bitter,

in Wirklichkeit gibt es nur Atome im leeren Raum."

Dieser Mann war kein Geringerer als der Mathematiker, Philosoph und Physiker *Demokrit*.

Der Himmel besteht nicht nur aus himmlischen Farben und Fantasien, die Astrophysik und die Astronomie haben ihn erforscht, die Mathematik hat ihn berechnet, die Literatur hat ihn beschrieben, die Religion hat ihn verherrlicht, die Musik hat ihn besungen, die Kunst hat ihn dargestellt, die Architektur errichtete sogenannte Himmelsbauten. Viel Spektakuläres und Interessantes, viel Schönes, viel Religiöses und Wissenschaftliches wurde in mehr als 6000 Jahren über den Himmel geschrieben.

Ich wünsche Ihnen, dass Sie nicht nur Spannendes im *Treffpunkt Himmel* entdecken, sondern dass Sie Ihren ganz persönlichen Himmel finden und ihn immer in sich tragen.

Petra-Alexa Prantl

Freiheit in den Wolken

Der Himmel ist nur da, die Erde zu ergänzen

Mit dem Satz von Friedrich Rückert *„Der Himmel ist nur da, die Erde zu ergänzen"* könnte man allein schon ein Buch füllen. Er spricht die Polarität an zwischen Himmel und Erde, Oben und Unten, Sichtbarem und Unsichtbarem, Ideellem und Materiellem, Irdischem und Überirdischem.

Wir sagen: „Der Himmel ist blau." Aber ist er das tatsächlich?

Sind es nicht eher die elektromagnetischen Wellen der Wellenlänge 470 Nanometer, mit deren Hilfe unser Gehirn die Farbe BLAU wahrzunehmen fähig ist? Oder streuen nur die Luftmoleküle das wunderschöne Himmelsblau für uns als Blau-Anteil des Sonnenlichts stärker als die anderen Spektralfarben? (vgl. Spektralfarben, 2020)

„Was, wenn der Himmel einstürzte?" (Terenz, 195-159 **v**.Chr.)

Manch einer mag aus allen Wolken fallen, wenn er hört, dass der Himmel tatsächlich knapp über dem Erdboden beginnt. In 2–12 km Höhe kann die Wolkenbildung entstehen, manchmal in Bergregionen sogar noch niedriger. Wenn *Thoreau* sagt: „Der Himmel ist genauso unter unseren Füßen wie über unserem Kopf," ergibt sich daraus eine andere Perspektive.

Eine einheitliche Definition für den Himmel zu finden ist daher schwierig, erklären die Naturwissenschaften den Himmel doch anders als die   Religion oder die Kunst ihn sehen. Bezeichnete man das Himmelsgewölbe in frühen kosmologischen Weltbildern mit dem spätlateinischen Wort   „firmamentum" als den über der Erde befestigten Himmel, wird er heute planetär als sichtbarer Raum über der Erde oder über einem anderen Himmelskörper definiert. (vgl. Himmel, planetär 2020)

Das Himmelsverständis alter Hochkulturen

„Schade, dass es nicht im Himmel einen Schalter gibt, bei dem man sich erkundigen kann, wie es unten nun wirklich gewesen ist." *(Tucholsky)*

Die spirituelle, natürliche und moralische Ordnung des Kosmos war für die **Aborigines** in Australien die „TRAUMZEIT" **(vor 40.000 bis 60.000 Jahren)**.

Die „Wondjina" (dargestellt auf Fels- und Höhlenmalereien) waren in der Schöpfungsgeschichte Urzeitwesen, die die Berge, Flüsse, Meer und Himmel gestalteten. Da diese mystischen Wesen nach der Umgestaltung von der Welt in den Himmel aufstiegen, wurden sie als Himmelswesen angesehen. Nicht WLAN, sondern „Walanganda" („zum Himmel gehörend") stieg am Ende der Urzeit als Herrscher der Geistwesen zum Himmel auf und wurde in der *Milchstraße* erkannt. (vgl. Traumzeit, 2020)

In der Mythologie der **Sumerer (5500 - 3500 vor Christus)** gehörten Urgötter zum sumerischen Götterhimmel.

Der Himmelsgott „AN" war eine mesopotamische Gottheit, die zum Beherrscher des Himmels wurde, als Himmel und Erde sich voneinander trennten. „AN" ist das sumerische Wort für „Himmel" oder „Oben." Frühe archaische Gottheiten setzte man mit Naturkräften wie dem Himmel gleich. „Ninschubur" kämpften mit den Waffen der Luft und des Himmels. In der sumerischen Astronomie wurde das Band des Himmelsäquators als Weg des ANU bezeichnet. 7000 Omen, die mit Phänomenen von Mond, Sonne, Planeten und Fixsternen verbunden sind, befinden sich in der sumerischen Keilschrifttafelserie „Enuma Anu Enlil." (vgl. Sumerische Religion, 2020)

Aus etymologischen Quellen geht hervor, dass die **Indogermanen (4000 - 3000 vor Christus)** den Himmel als etwas „Bedeckendes, Umhüllendes" verstanden (indogermanisch *kem, bedecken).

(vgl. Woher kommt Himmel, 2020)

3000 - 900 vor Christus symbolisierte bei den **Maya** (heutiges Mexiko und Yukatan) jeder Planet eine Gottheit.

KINICH AHAU stellte *die Sonne* als allsehenden roten Vogel dar.

Die weise Frau des Sonnengottes war *die Mondgöttin* IX CHEL

Tod und Auferstehung wurden von der *Venus*, dem Gott KUKULKHAN

in Form einer Schlange symbolisiert.

CHAC war der Gott des *Regens und der Blitze*

ITZAMNA war der übergeordnete *Himmelsgott*

(vgl. Giesow Norbert, Die Maya Mythologie, 2020)

Die **Schamanen** (tungusische Völker Sibiriens) stellten sich den Himmel im **17. Jh. vor Christus** als großes Zeltdach über der Erde vor. Die Sterne interpretierten sie als Löcher im Himmelsgewölbe, durch das Licht eindringen konnte. Mit unsichtbaren Bändern waren die um den Polarstern kreisenden Sterne und Sternbilder an der Erdachse, bzw. am Weltbaum befestigt. Höhere Geister aus der Oberwelt beherrschten Sonne, Mond, Sterne und Wind. (vgl. Schamanische Kosmologie, 2020)

Im Himmelsverständis der **Inka** (indigene urbane Kultur Südamerikas) waren Sonne und Milchstraße bedeutend **(13.-16. Jh.v.Chr.)**. In den dunklen Wolken erkannten die Inkas Lama, Fuchs, Schlange, Kröte und Wachtel. Das Firmament, dessen Grenzen auf die Milchstraße zurückgingen, teilte sich in vier Bereiche. Zweimal täglich durchlief die Milchstraße den Zenit. Die Inkas sahen in der Milchstraße einen Himmelsfluss, in den das Wasser aus dem Ozean unterhalb des Horizonts strömte.

Der wichtigste Tempel in der frühen Inka-Hauptstadt Cuzco war der Sonnentempel **Coricancha**. Dieser Tempel des Inti (Sonne) war der heiligste Ort, den nur Inkas barfuß, nüchtern und voller Demut betreten durften. Die Inkas betrachteten sich als göttliche Söhne der Sonne. Das „Inti Raymi", die Sonnenwende, ist der höchste Feiertag und wird auch heute noch in Cuzco gefeiert.

Gottheiten der Inka:

TAYTA INTI	:	Sonnengott, Quelle von *Licht und Wärme*
MAMA KILLA:		Göttin des *Mondes*
APU QATIQIL:		Gott des *Donners und der Blitze*
CH'ASKA	:	Göttin der *Dämmerung*
QHATUYLLA :		Gott des *Wetters*
QUN	:	*Regengott*, Gott des *Südwindes*

(vgl. Coricancha, 2020 - vgl. Milchige Wasserstraßen der Inka, 13.07.2018)

Bei den **Māori** in Neuseeland (**13. Jh. v. Chr.**) begann die kosmologische Ursprungsgeschichte mit dem göttlichen Ehepaar „RANGI und PAPA", dem Vater Himmel und der Mutter Erde, von denen weitere Götter und Nachfahren abstammten.

<u>Rangi : Vater Himmel</u>	<u>Papa : Mutter Erde</u>
Rangi : Tag, Himmel	Papa : Erde
Raki : Tag, Himmel	Papatuanuku: Großer Himmel
Ranginui: Großer Himmel	

Rangis und Papas Sohn Tane suchte himmlische Körper, z.B. Lichter, um seinem Vater angemessene Kleidung zu verschaffen. Er fand Sterne und warf sie zusammen mit Mond und Sonne nach oben bis Rangi gut gekleidet war. Für die Māori waren Himmel und Erde selbst der Ursprung. Einer Schöpfungslegende nach soll es 12 Himmel gegeben haben.

(vgl. Mythologie der Maori, 2020 Rangi und Papa, 2020)

Wenn **Mongolische und Turkvölker Zentralasiens (Tengrismus**, einer aus dem Schamanismus hervorgegangenen polytheistischen Religion, **4. Jh. v.Chr.)** den Himmel und die Sonne anbeteten, erhielten sie Buyan. Das meiste Buyan empfingen sie bei Neu- oder Vollmond. Man hatte die Vorstellung, dass sich die Erde um den am Himmel befestigten Polarstern drehe. Es gab die Himmelsrichtungen Vorne, Hinten, Links, Rechts.

ÜLGEN/ ADAKUTAY/AK TOUN, der Sohn des Himmelsgottes, wohnte in der der Erde ähnlichen *Oberwelt,* in der es jedoch viel heller als in der irdischen Welt war, da es dort der Sage nach sieben Sonnen gab.

Himmelskörper im Tengrismus:

ÄRKLIK HAN :   sendet *Meteore und Sternschnuppen*

ÜLKER   :   *Plejaden*, Wohnsitz mächtiger Himmelsgeister

TSOLMAN   :   *Venus*

DOOLON OBDOG: *Sternbild Großer Bär,* Himmelsgeister

(vgl. Tengrismus, 2019)

Astronomische Betrachtungen

„Jedes Naturgesetz, das sich dem Beobachter offenbart, lässt auf ein höheres, noch unerkanntes schließen." *(Alexander von Humboldt)*

1. Frühzeit

Die Astronomie ist die älteste Wissenschaft und aus der Kulturgeschichte der Menschheit nicht wegzudenken. Sonnen- und Gestirnsbeobachtungen gab es in Mitteleuropa vor ca. 1,2 Millionen Jahren bereits in der **Steinzeit.**

Für die Stellung des Menschen im Kosmos und für sein Selbstbild war die Sternenkunde stets wie ein Spiegel. In frühgeschichtlichen Himmelsbeobachtungen wurden zu allen Zeiten die Milchstraße, die Sonne, der Mond, Merkur, Venus, Mars, Jupiter und Saturn erkannt. Diese sieben beweglichen Himmelskörper gaben unseren heute oft gedankenlos verwendeten Wochentagen ihre Namen.

Sprachliche Ableitungen:

Deutsch	Planet	Latein	Spanisch	Französisch
Montag	Mond	luna	lunes	lundi
Dienstag	Mars	Martius	martes	mardi
Mittwoch	Merkur	Mercurius	miercoles	mercredi
Donnerstag	Jupiter	Iovis	jueves	jeudi
Freitag	Venus	Venus	viernes	vendredi
Samstag	Saturn	Saturnus	sábato	samedi
Sonntag	Sonne	sol	domingo	dimanche

In der **Höhle von Lascaux** fand man Wandmalereien vom Sommerhimmel, dem Tierkreis und von den Plejaden aus prähistorischen Zeiten (ca. 17.000 - 15.000 vor Christus).

Als die Kalenderrechnung in der **Jungsteinzeit** begann (5500 - 1800 v. Chr.) und man dadurch zu präziseren Kenntnissen über die Jahreszeiten sowie die Sonnenbahn gelangte, entstanden religiöse Deutungen von Himmelsphänomenen.

Ob die Hochkultur der **Maya** 3380 v. Chr. die 1. Mondfinsternis aufzeichnete, bleibt umstritten. Als gesichert gilt jedoch die Aufzeichnung der 1. Sonnenfinsternis in **China** im Jahre 2137 v. Chr.

In **Tal-Qadi auf Malta** wurde eine auf 2000 v. Chr. datierte Kalksteinplatte ausgegraben, auf der sich die älteste bekannte Darstellung des Nachthimmels befindet.

Von mesopotamischen Tontafeln wissen wir, wie exakt die Hochkultur der **Babylonier** astronomische Messreihen bereits im **3. vorchristlichen Jahrtausend** durchführte. Mit präziser Genauigkeit kannte sie alle wichtigen Himmelszyklen. Die 360°- Berechnung und unsere Stundenzählung haben ihren Ursprung in Babylon. Die **Sumerer** berechneten ihren Kalender auch nach astronomischen Werten.

2. Antike

In der griechischen Literatur gibt es bei **Homer** und **Hesiod** zwar frühe Texte zu Himmelserscheinungen, doch erst in der Zeit von **Platon** (4.-5. Jh. v.chr.) entwickelte sich ein tieferes **Verständnis für den Raum**. Dieser Fortschritt ist den Lehren von **Pythagoras** und dem Philosophen **Thales von Milet** zu verdanken. Ein Schüler von Thales, namens **Anaximander**, vertrat als erster die Ansicht, dass der Himmel eine Kugelschale (Sphäre) ist und deren Mittelpunkt die Erde. Dass die Erde die Form einer Kugel hat, erkannte er aber noch nicht.

Unser blauer Planet Erde

Im 4. Jahrhundert vor Christus stellte **Aristoteles** die Weichen für spätere astronomische Erkenntnisse. Er beschrieb die **Gravitation** und die **Bewegung der Himmelskörper**.

Einen Höhepunkt in der Astronomie um 150 vor Christus lieferte **Ptolemäus** mit seiner Erkenntnis vom **geozentrischen Weltbild**. Das geozentrische oder Ptolemäische Weltbild, nach dem sich alle Sphären um eine unbewegliche Erde drehten, wurde von vielen Seiten angezweifelt und zu widerlegen versucht, bis **Kopernikus** schließlich das **heliozentrische Weltbild** vorstellte (1543). Im heliozentrischen Weltbild ist es die Erde, die sich um die eigene Achse dreht und sich wie alle anderen Planeten um die Sonne bewegt. (vgl. Geschichte der Astronomie, 2020)

Verschiedene Perspektiven zum Himmel

Wie groß das Interesse an der Beschäftigung mit der Thematik des Himmels ist, beweist ein Blick in die Geschichte der Menschheit. Die ersten Sternbilder wurden bereits vor 4000 Jahren von den Babyloniern entdeckt und benannt.

im 4. Jahrhundert vorchristlicher Zeitrechnung schrieb Aristoteles sein 4-bändiges Werk „*Über den Himmel,*" das astronomische Theorien über den Aufbau des Universums enthält. Zahlreiche große und bedeutende Männer der Weltgeschichte folgten ihm und zollten dem Himmel Tribut (s. Personenregister am Ende des Buches).

Die älteste Wissenschaft der Welt war die Sternenkunde **(Astronomie),** mit der die Menschen der Steinzeit sich die Vorgänge am Himmel zu erklären suchten. Der Himmel wurde später nicht nur in der **Religion** des Alten Testaments und im Gregorianischen Gesang gepriesen, die **Barockmusik** (Bach/Händel, u.a.) verwendete ihn mannigfach für musikalische Themen; die **Literatur** (Goethe, Dante, u.a.) erzählte in leuchtenden Farben über ihn; in der **Kunst** (Michelangelo, Constable, u.a.) ist die Darstellung des Himmels nicht wegzudenken; Tausende von Redewendungen zum Himmel gibt es in allen **Sprachen** der Welt; die **Philosophie** hatte mit Aristoteles, Demokrit und Kant eigene Vorstellungen vom Dach der Welt; die **Architektur** baute stets in himmlische Höhen und die **Astrophysik** (Newton, Einstein, u.a.) erforscht das All noch immer.

Kapitel 1
Der Himmel aus naturwissenschaftlicher Perspektive

„Wenn ich in den Himmel kommen sollte, erhoffe ich mir die Aufklärung über zwei Dinge: Quantenelektrodynamik und Turbulenz. Was den ersten Wunsch betrifft, bin ich ziemlich zuversichtlich." *(Horace Lamb,1932)*

Astronomie (griech. ástron: Stern, nómos: Gesetz)

Unter Astronomie versteht man die Wissenschaft von den Gestirnen. Sie will die Entstehung, den Aufbau und das Universum als Ganzes verstehen. Positionen, Eigenschaften, Bewegungen der Himmelskörper sowie die interstellare Materie und Strahlung erforscht sie mit naturwissenschaftlichen Mitteln.

In ihr gibt es mehrere Fachgebiete:

- Die beobachtende Astronomie
- Die Astrophysik
- Die Astrometrie
- Die Himmelsmechanik

(vgl. Astronomie, 2020)

Atmosphäre – wir schauen in die Luft und sehen den Himmel

Was wir in der Umgangssprache als „Luft" bezeichnen, ist Atmosphäre. Wir können die vielen Gasteilchen, aus denen sich die Atmosphäre zusammensetzt, nicht sehen. Diese „Luft" ist für den Menschen von existenzieller Bedeutung und Teil lebenswichtiger Kreisläufe. Unser Planet ist von einer *gasförmigen Hülle* umgeben: von der Atmosphäre. (Altgriechisch *atmós*: Dampf, *sfaira*: Kugel).

Die Erdatmosphäre entwickelte sich innerhalb einer chemischen Evolution. Zur Zeit der Erdentstehung vor ca. 4,6 Milliarden Jahren verfügte unser Planet über eine Gashülle aus Wasserstoff (H_2) und Helium (He). Als die Erde sich nach und nach abkühlte, führte der dabei erzeugte Vulkanismus zur Ausgasung des Erdinneren *und die Atmosphäre konnte entstehen.*

Nur einige lebensnotwendige Funktionen der Atmosphäre sollen hier angeführt werden:

1. Da die Atmosphäre wie ein Filter für die UV-Strahlung der Sonne wirkt, schützt sie alle Lebewesen vor hoher schädlicher Strahlung aus dem Weltraum, ist aber für lebenswichtiges Sonnenlicht durchlässig.
2. Sie bildet einen Schutz gegen Überhitzung bzw. gegen zu schnelle Auskühlung.
3. Sie wirkt als Depot für Sauerstoff und Kohlenstoffdioxid.
4. Die Atmosphäre verhindert den Aufprall von kleineren Meteoriten auf der Erde, da diese in ihr verglühen.

Das Schichtenmodell der Atmosphäre

Troposphäre

In 10-12 km Höhe zur Erde befindet sich die erdnächste Schicht, die *Troposphäre.* Sie lst Schauplatz des Wetters, wie zum Beispiel der Wolkenbildung am Himmel. In der Troposphäre ist fast die gesamte Menge des atmosphärischen Wasserdampfes enthalten, in ihrer untersten Schicht entstehen durch den Einfluss der Erdoberfläche die Veränderungen wie Wind, Feuchtigkeit und Temperatur.

Stratosphäre

Sie liegt von der Erde aus als 2. Schicht über der Troposphäre. In ihr befindet sich Ozon, das die UV-Strahlung der Sonne aufnimmt und durch die Umwandlung elektromagnetischer Wellen Wärme erzeugt.

Mesosphäre

Die Mesosphäre schließt sich an die Stratosphäre an. Hier kommt es ab 30 km Höhe zu einem Absinken der Temperaturen von ca. 0° C auf beinahe -100°C. Zur Erde fallende Gesteinsteile und Meteore verglühen in dieser Schicht.

Thermosphäre

Ungefähr 80 km von der Erde entfernt liegt die Thermosphäre, sie endet an der Thermopause bei etwa 800 km. Die Internationale Raumstation ISS befindet sich hier in 400 km Höhe.

Exosphäre

Die äußerste Schicht der Erdatmosphäre wird Exosphäre genannt. Ihre Außengrenze liegt bei etwa 10.000 km, der Übergang zum Universum ist fließend (Kármán-Linie). (vgl. Erdatmosphäre, 2020)

„Hebe deinen Blick von der Erde zum Himmel,

welch bewunderungswürdige Ordnung zeigt sich da.“

(Leo Tolstoi)

Das Schichtenmodell der Erdatmosphäre

↑

Exosphäre

....

~ 500km

Thermosphäre

Mesopause...

~ 80km

Mesosphäre

Stratopause...

~ 50km

Stratosphäre

Tropopause...

~ 15km

(Quelle: Erdatmosphäre Wikipedia, Stand 11.12.2019)

Himmelskugel

Himmelspole und Himmelsäquator

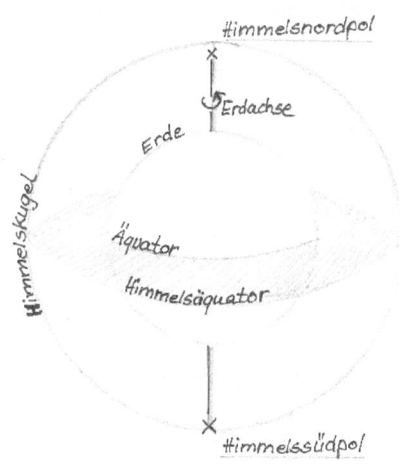

Himmelskugel

Eine gedachte Kugel, in deren Zentrum der Beobachter steht und auf die alle Himmelsobjekte projiziert werden.

Himmelspol

Ein Himmelspol ist einer der beiden Punkte, der auf der gedachten Verlängerung der Erdachse auf der Himmelskugel liegt.

Himmelsäquator

Der Himmelsäquator ist die Projektion des Erdäquators auf die Himmelskugel.

(vgl. Fixpunkte der Himmelskugel: Pole und Äquator, 2020)

Sonne, Mond und Sterne

Mithilfe von Berechnungen überlegte *Albert Einstein,* dass sich in unserem Universum unendlich viele Sonnensysteme befinden müssen. Eines davon ist unser Sonnensystem mit unermesslich vielen Sternen und Planeten. Sterne sind selbststrahlende Himmelskörper im Unterschied zum Mond, der von der Sonne angestrahlt wird. Die Sonne ist ein ganz normaler Stern, dessen Licht und Wärme unsere Erde seit ca. 4,5 Milliarden Jahren erreicht. Der Mond ist der einzige natürliche Satellit der Erde. „Mond" ist verwandt mit dem Wort „Monat" und geht etymologisch auf das Indogermanische zurück: mēnōt „Mond, Mondwechsel, Monat."

Der Sternenhimmel unterteilt sich in zwei Hemisphären:
- Sichtbarer Himmel und Himmelshälfte unter dem Horizont
- Nord- und Südsternhälfte (Himmelsäquator)

In der sphärischen Astronomie und der Astrometrie bildet der Sternenhimmel das Bezugssystem für Messungen, als Orientierung dienen Sternkarten. Die *Himmelsscheibe von Nebra* stellt die älteste Darstellung des Nachthimmels dar. Farbe und Helligkeit der Sterne geben Hinweise auf die Entfernung zur Erde. Für die Plejaden - ein sehr heller Sternhaufen innerhalb der Milchstraße - hat man eine Distanz von 430 Lichtjahren errechnet.

(vgl. Sternenhimmel, 2020 – vgl. Mond, 2020)

Albrecht Dürers Sternkarte der nördlichen Hemisphäre

Berühmte Astronomen

„Ich kann die Bewegungen der Himmelskörper berechnen, aber nicht das zuweilen abnorme Verhalten der Menschen." *(Isaac Newton)*

„Gleichungen sind wichtiger für mich, weil die Politik für die Gegenwart ist, aber eine Gleichung etwas für die Ewigkeit." *(Albert Einstein)*

In der gegenwärtigen Astronomie umfasst das Universum den Raum und die darin enthaltenen Elementarteilchen (Strahlung und Materie). Dass diese Ansicht nicht immer vertreten wurde, beweist die Geschichte der Astronomie. Waren es bei den Māori anfangs RANGI UND PAPA , die als göttliches Ehepaar dem Himmel gleichgesetzt wurden, drehte sich bei Ptolemäus später das Weltall um die Erde, ersetzte Kopernikus daraufhin diese Theorie durch sein Heliozentrisches Weltbild, so schritten die Forschungsergebnisse immer weiter voran mit den Keplerschen Gesetzen der Planetenbewegung, Newtons Entdeckung der Gravitationskraft, mit den Erkenntnissen vom Urknall, den Schwarzen Löchern und der Relativitätstheorie von Einstein. Solange der Mensch existiert, solange werden ihm die Phänomene des himmlischen Alls keine Ruhe lassen.

Claudius Ptolemäus (100 -180 n. Chr.) war ein griechischer Mathematiker, Astronom, Astrologe, Musiktheoretiker, Geograph und Philosoph. In dem nach ihm benannten **Ptolemäischen Weltbild** bezeichnete er die Erde als Mittelpunkt des Weltalls. Diese Sichtweise setzte sich 1400 Jahre bis ins Mittelalter fort.

Nikolaus Kopernikus (1473 – 1543) war einer der bedeutendsten Astronomen und Mathematiker der Geschichte. In seinem Hauptwerk „De Revolutionibus Orbium Coelestium" wendete er sich vom Geozentrischen Weltbild des Ptolemäus ab und beschrieb **das Heliozentrische Weltbild**, das die Sonne als Zentrum des Planetensystems darstellte.

Johannes Kepler (1571 – 1630) erforschte im 17. Jahrhundert als deutscher Universalgelehrter, Mathematiker, Astronom und Astrologe die Gesetze der **Planetenbewegung** (Keplersche Gesetze).

Galileo Galilei (1564–1642) war ein italienisches Universalgenie, Astronom und **Mitbegründer der modernen Naturwissenschaft**.

Isaac Newton (1643 – 1727) war ein englischer Physiker, Mathematiker, Astronom, Alchemist und Philosoph, der die **Gravitationskraft** entdeckte. Sein Hauptwerk „Philosophiae Naturalis Principia Mathematica" erschien im Jahre 1687.

Stephen Hawking (1942 – 2018) beschäftigte sich als britischer Astrophysiker mit Phänomenen des Urknalls, der Schwarzen Löcher und der Quantenphysik. Durch seine Bücher war er weltweit bekannt als das Physikgenie im Rollstuhl.

Unentbehrlich in der Welt astronomischer Forschungen ist das Genie **Albert Einstein** (1879 – 1955). Er war der bedeutendste theoretische Physiker der Wissenschaftsgeschichte und der **bekannteste Wissenschaftler der Neuzeit**. Seine Forschungen zu **Materie, Raum und Zeit** sowie wesentliche Beiträge zur **Quantenphysik** waren bahnbrechende Erkenntnisse. Sein Hauptwerk: die "**Relativitätstheorie.**" (vgl. Berühmte Astronomen, 2020)

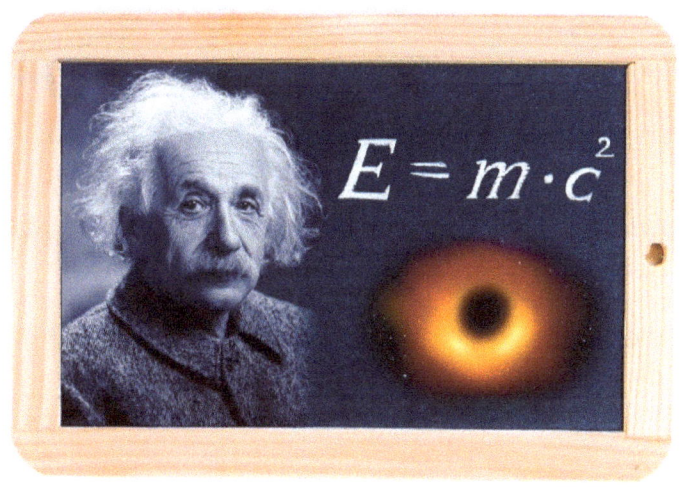

Physik

Anders als in der Religion und Philosophie ist der Himmel für die Alltagsphysik eine „durch optische Vorgänge in der Atmosphäre hervorgerufene Vorstellung eines geschlossenen Raumes um die Erde. Da durch eine optische Täuschung horizontale Abstände größer empfunden werden als vertikale, erscheint der Himmel als elliptisches Gewölbe."

(vgl. Himmel – Lexikon der Physik, 2020)

Blick vom All auf die Erde

Blicken wir vom Weltraum aus auf unsere Erde, ist der blaue Himmel kaum sichtbar. Da das Streulicht der Atmosphäre schwächer ist als das reflektierte Licht der Erdoberfläche, sieht man vom Weltall aus nur die Erdoberfläche als helleren Hintergrund des Himmels. Umgekehrt sehen wir von der Erde aus das Himmelsblau vor dem dunklen Hintergrund des Weltalls. (Das ist möglich, weil Sonnenlicht durch die Atmosphäre dringt.) Dennoch lässt sich das Himmelsblau vom Weltraum aus indirekt erkennen, da es von den Wasserflächen der Erde dort reflektiert wird, wo keine Wolkendecke vorhanden ist. (vgl. Himmel planetär, 2020)

Das Blau des Himmels

Seit dem 18. Jahrhundert versuchten Wissenschaftler zu erklären, aus welchem Grund der Himmel blau ist. Nachdem zahlreiche Experimente zur Lichtstreuung *(Tyndall-Effekt, Rayleigh-Streuung)* noch unbewiesen blieben, hatte *Albert Einstein* eine Erklärung durch photoelektrische Effekte an Molekülen. Erst im 20. Jahrhundert konnte der amerikanische Geophysiker *Edward Hulburt* nachweisen, „dass das Himmelsblau im Zenit während des Sonnenuntergangs nur zu einem Drittel auf der Rayleigh - Streuung und zu zwei Dritteln auf dem speziellen Absorptionsverhalten des Ozons beruht." (vgl. Himmel planetär, 2020)

Goethe hatte grundsätzlich Recht, als er sagte: *"Um zu begreifen, dass der Himmel überall blau ist, braucht man nicht um die Welt zu reisen, "* doch genaugenommen ist die Intensität des himmlischen Blaus unserer Erde in

Südamerika und Grönland anders als in Neuseeland, Europa oder Australien. In speziellen Untersuchungen hatte man Rot, Grün, und Blau in sogenannten Farbkoordinaten aufgeschlüsselt und festgestellt, dass der Blauanteil in Rio (Brasilien) am stärksten ist. Fazit: Brasiliens Himmel hat das kräftigste Blau der Welt, verehrter Herr von Goethe.

Lichtverhältnisse am Himmel

Wenn die Sonne hoch am Himmel steht, legt das Licht nur eine kurze Strecke zurück. Durch die Summe des in der Atmosphäre gestreuten Sonnenlichts erscheint der Himmel tagsüber blau. Da auf dem Mond keine Atmosphäre existiert, erscheint der Himmel dort auch tagsüber schwarz. Wenn die Sonne sinkt, wird die Strecke des Lichts durch die Atmosphäre länger. Da hierbei ein hoher Blauanteil des Lichts seitlich weggestreut wird, verschiebt sich der Farbeindruck des Himmels in langwelligeres Rot (Abend- und Morgenrot). Die Streuung des Lichts nimmt mit abnehmender Wellenlänge zu. (vgl. Rayleigh-Streuung, 2020)

Rayleigh–Streuung

(benannt nach dem britischen Physiker Lord Rayleigh, 1842-1919)

Sie ist „die Streuung des Lichts an Teilchen der Atmosphäre, deren Radius im Verhältnis zur Wellenlänge des Lichtes sehr klein ist. Die Streuung der Lichtstrahlen beim Durchgang durch die Atmosphäre erfolgt an den Luftmolekülen und an den in der Luft schwebenden Polen. Da kurzwellige Strahlung um den maximalen Faktor 16 stärker gestreut wird als langwellige, wird das kurzwellige Blau stärker gestreut. Je kleiner die Wellenlänge, also kurzwelliger die Strahlung, umso stärker wird das Licht gestreut." (vgl. Rayleigh-Streuung- Lexikon der Geographie, 2020)

Die Farbenpalette des Himmels

Die himmlische Farbenpracht kann von Hell- oder Tiefblau, Weiß und Grau in Gelb, Rot, Orange, Violett übergehen oder sie kann bei einem Regenbogen mit allen Farben gleichzeitig faszinieren.

Worin liegt das Geheimnis des himmlischen Farbenzaubers?

Das Sonnenlicht ist aus den Farben Violett, Blau, Grün, Gelb Orange, Rot zusammengesetzt. Diese entsprechen elektromagnetischen Strahlungen und haben bestimmte Wellenlängen (rot am längsten, blau am kürzesten). Erst wenn das Sonnenlicht an zahllosen Teilchen der Atmosphäre streut, beginnt der Himmel sich zu färben.

(vgl. Welt der Physik – Wie entstehen Himmelsblau und Abendrot, 2020)

Die Entstehung des Regenbogens

Das Rätsel um den Zauber eines Regenbogens lässt sich mit ein paar physikalischen Gesetzmäßigkeiten lösen. Wenn das aus verschiedenen Farben bestehende Sonnenlicht auf einen Regentropfen trifft, wird es gebrochen und in seine farblichen Bestandteile zerlegt. Dabei reflektieren die Regentropfen das farbige Licht, so dass wir die Farben in Form eines Regenbogens sehen können. Aber warum entsteht ein *Bogen*? Die Farben liegen nebeneinander, weil die einzelnen Farben in unterschiedlichen Winkeln gebrochen werden (Rot max. 42°, Blau 40°). Weil die Regentropfen rund sind, ist erstaunlicherweise auch der Regenbogen rund. Wir können nur den Regenbogen als Halbkreis (als Bogen) sehen, da die andere Hälfte des Kreises im Erdboden verschwindet.

(vgl. Wie entsteht ein Regenbogen? 2020)

Dämmerungsphänomene

Die Dämmerung entsteht, wenn das Sonnenlicht zunehmend schräger einfällt, einen längeren Weg durch die Atmosphäre zurücklegt und mehr und mehr Licht herausstreut. Sie geht dem Sonnenaufgang voran, bzw. folgt dem Sonnenuntergang. Man unterscheidet drei Arten von Dämmerung: *Bürgerliche Dämmerung* herrscht, solange die Sonne zwischen 0.8 und 6 Grad unter dem Horizont steht. *Nautische Dämmerung* (Sonnenhöhe von 6-12 Grad unter dem Horizont), *Astronomische Dämmerung* (Sonnenhöhe zwischen 12 und 18 Grad unter dem Horizont). Die zeitliche Dauer der Dämmerung steht im Zusammenhang mit den Breitengraden der Erde. Im Norden dauern die „Weißen Nächte" bis zu fünf Stunden.

Der Physiker *Edward Hulburt* war erstaunt über das Phänomen der Dämmerung: „Der nichtsahnende Beobachter, der während des Sonnenuntergangs in den klaren Himmel schaut, sieht nur, dass der Himmel über ihm, der vor dem Sonnenuntergang blau war, dasselbe leuchtende Blau beibehält, während die Sonne untergeht und es anschließend während der Dämmerung immer dunkler wird. Er ist sich nicht bewusst, dass die Natur, um dieses so selbstverständliche und naheliegende Ereignis zu produzieren, recht großzügig ganz tief in die optische Trickkiste gegriffen hat."

(vgl. Edward Olson Hulburt, 2020)

Der Horizont hat sich verdunkelt,

Nur hie und da bedeutend funkelt,

Ein roter ahnungsvoller Schein;

Schon blutig blinken die Gewehre,

Der Fels, der Wald, die Atmosphäre,

Der ganze Himmel misch sich ein.

(Goethe, Faust 2; 4. Akt)

Etwas weniger dramatisch als Goethe das Abendrot in Faust beschreibt, sagen es uns die alten Bauernregeln auf ganz pragmatische Weise:

„Abendrot, Schönwetterbot' – Morgenrot, schlecht Wetter droht."

Gewitter

Zwischen Himmel, Erde und Meer bewegen sich im ewigen Kreislauf ständig große Mengen von Wasser. Bei starker Sonneneinstrahlung verdunstet Wasser und steigt als feuchtwarme Luft auf. Diese Kondensationswärme begünstigt das Entstehen einer Gewitterwolke. Wenn die Wassertropfen durch den Luftauftrieb in der Wolke nach oben gewirbelt werden, entstehen Reibung und elektrische Ladung. Es wird Spannung erzeugt, sobald sich positive und negative Ladung in der Wolke aufbauen. Ist die Spannung zu groß, entlädt sie sich in einem Blitz. Die gewaltige Hitze bewirkt, dass sich die Luft um den Blitz ausdehnt und in einem Donnerschlag endet. (vgl. Wie entstehen Gewitter, 2020)

Polarlichter

Nord- oder Polarlichter faszinieren uns im hohen Norden oder in südlichen Breitengraden. Im Norden nennt man sie *Aurora borealis,* am Südpol heißen *sie Aurora australis.* Polarlichter sind rot, grün oder blau. In welchen Farben sie erscheinen, ist abhängig von der Zusammensetzung der Atmosphäre. In Verbindung mit Sauerstoff sind Polarlichter grün. Wenn die Sonne einen energiegeladenen Sonnenwind (Elektronen, Protonen, Helium) abfeuert, der in 18 Stunden das Magnetfeld der Erde, also die *Magnetosphäre,* erreicht, können die Teilchen nicht vollständig auf die Erdoberfläche gelangen, da sie vorher auf Magnetfeldlinien treffen. Diese nach Norden ausgerichteten Feldlinien stehen senkrecht zur Flugbahn der Elektronen und Protonen. Sobald sich die Sonnenwindteilchen, die um die Magnetosphäre herumgeleitet wurden, jedoch mit Atomen unserer Erde verbinden, entstehen Polarlichter. An beiden Enden der Welt erscheinen Polarlichter grundsätzlich zur gleichen Zeit. (vgl. Polarlichter, 2020)

Der Traum vom Fliegen

So alt wie die Menschheit ist der Menschheitstraum vom Fliegen. Wer schon einmal *über* den Wolken schwebte, weiß wie grandios und überwältigend das Naturschauspiel ist, das der Himmel in himmlischen Höhen bietet. Wenn Reinhard Mey singt „Über den Wolken muss die Freiheit wohl grenzenlos sein," folgert er zwingend „und unsere Probleme werden nichtig und klein." Die Gedanken zum Traum vom Fliegen sollen weder zu philosophisch noch zu physikalisch werden. Dennoch ist es die Luft (…der Himmel…die Atmosphäre), die das Fliegen physikalisch überhaupt erst möglich macht.

Der Vortrieb, der Widerstand, der Auftrieb, die Schwerkraft sind vier physikalische Kräfte, die im exakten Zusammenspiel das Abheben eines Flugzeuges bewirken. Es ist aber die Luft (…der Himmel…Die Atmosphäre), die durch den Vortrieb des Flugzeuges an seinen Tragflächen vorbeiströmt und eine gleichzeitige Gegenkraft entstehen lässt. Diese Gegenkraft wirkt in die entgegengesetzte Richtung, wodurch ein dynamischer Auftrieb entsteht und das Flugzeug in den Himmel steigen kann.

(vgl. 500 Tonnen und schwerer, 2020)

Mathematik

„Mathematik ist das Alphabet, mit dessen Hilfe Gott das Universum beschrieben hat." *(Galileo Galilei)*

Die Mathematik ist nicht nur eine Wissenschaft, die sich mit Beziehungen zahlenmäßiger und räumlicher Verhältnisse beschäftigt, sie ist in nahezu allen Wissenschaften Hilfsmittel und notwendige Grundlage für die Physik, die Astrophysik, die Astronomie und die Himmelsmechanik. Die Mathematik gilt als eine der ältesten Naturwissenschaften aus der Antike und manche sehen sie als "die einzige wahre Wissenschaft" überhaupt. Sie beschäftigt sich seit mehreren 1000 Jahren mit gigantischen Ergebnissen und Fortschritten, darüber hinaus mit der Beschreibung des Himmels und der Erde.

Aktuell gibt es ein Schulbuch „Geometrie auf der Kugel", das die elementare Geometrie der Kugeloberfläche auf die Erd- und Himmelskugel überträgt und alltägliche Phänomene (z. B. Sonnenaufgang, Kompass, etc.) zum Mittelpunkt macht.

Einer der großen mathematischen Genies war **Archimedes von Syrakus** *(Archimedische Schraube)*. Er bewies, dass sich der Umfang des Kreises zu seinem Durchmesser verhält wie die Fläche des Kreises zum Quadrat des Radius (heute als Pi oder **Kreiszahl** bekannt). *„Der Turmbau zu Babel"* lässt sich als Himmelsleiter mit der mathematischen Formel der **Spirale** von Archimedes erklären.

Im 17. Jahrhundert entwickelte sich das rechnerische Erfassen **räumlicher Beziehungen** (Analytische Geometrie, **René Descartes**). Die Untersuchung von Funktionen, deren Krümmung und das Verhalten **im Unendlichen** entstand Ende des 17. Jahrhunderts (Leibniz, Newton).

Isaac Newton, auf den Schultern von Johannes Kepler und Galileo Galilei stehend, entdeckte in seinem Gesetz der **Gravitation,** wie sich die Umlaufbahnen von Massen *um* eine andere Masse verhalten. Ohne die Mathematik wäre ihm das nicht gelungen.

(vgl. Archimedes, 2020 – vgl. Newton, 2020 - vgl. Geschichte der Mathematik, 2020 – vgl. Was ist Mathematik, 2012)

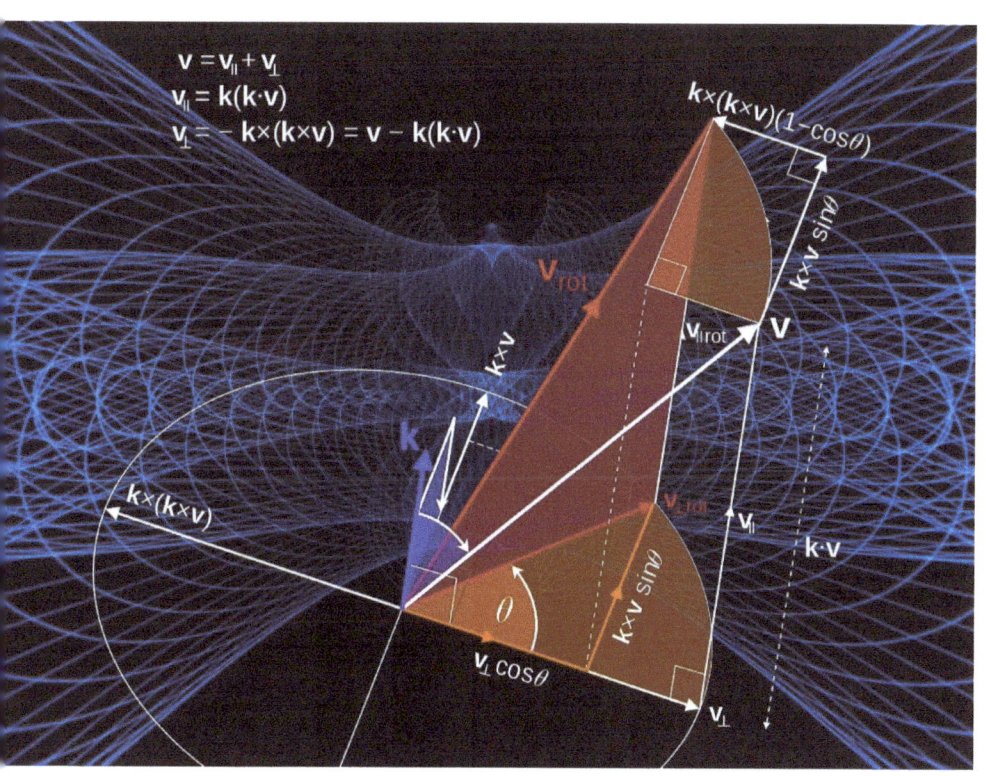

$$v = v_{\|} + v_{\perp}$$
$$v_{\|} = k(k \cdot v)$$
$$v_{\perp} = -\,k \times (k \times v) = v - k(k \cdot v)$$

$k \times (k \times v)(1 - \cos\theta)$

$k \times v \sin\theta$

v_{rot}

$v_{\|rot}$

v

$k \times v$

k

$k \times (k \times v)$

$v_{\perp rot}$

$v_{\|}$

$k \cdot v$

$k \times v \sin\theta$

θ

$v_{\perp} \cos\theta$

$v_{\perp}$

Mathematik und Himmel

Kapitel 2 Der Himmel aus philosophischer Perspektive

„Zwei Dinge erfüllen das Gemüt mit immer neuer und zunehmender Bewunderung und Ehrfurcht, je öfter und anhaltender sich das Nachdenken damit beschäftigt: der bestirnte Himmel über mir und das moralische Gesetz in mir."

(Immanuel Kant)

Die Philosophie ist die „Liebe zur Weisheit". Sie versucht die Welt und die menschliche Existenz zu ergründen, sie versteht die Welt und ihre Naturgesetze als Gesamtheit.

Naturwissenschaften und Philosophie standen von Anfang an teils in gegenseitiger Verbundenheit, teils in gegenseitiger Skepsis und Ablehnung zueinander. Obwohl der Physiker **Stephen Hawking** - wie so viele Naturwissenschaftler - nicht aufgab, den Tod der Philosophie zu verkünden, bleibt die Philosophie eine Schwester der Naturwissenschaften. Für die Philosophie bietet die Astrophysik eine Unmenge nicht bearbeiteter Fragestellungen, während die Astrophysiker in ihrer Reflexion auf zahlreiche philosophische Analysen zurückgreifen.

Die Naturphilosophie von **Aristoteles** machte die Grundlagen jeder Naturbetrachtung (Form und Materie) zum Thema, **Demokrit** vertrat den Atomismus bereits in der Zeit vor Christus und **Pythagoras** war sowohl Philosoph als auch Naturforscher. Von ihm stammt die Lehre „panta rhei" (Alles fließt). Selbst **Einstein** und **Heisenberg** ließen ihr Denken von der Philosophie inspirieren. Wie intensiv Heisenberg sich geistig mit Platons Werk *Timaios* auseinandersetzte, geht aus seiner Autobiographie *Der Teil und das Ganze* hervor: „Wenn man die Erkenntnisse der heutigen Teilchenphysik mit irgendeiner früheren Philosophie vergleicht," sagte Heisenberg (vgl. Seelenlehre -Platon heute, 2020), „so könnte es nur die Philosophie Platos sein; denn die Teilchen der heutigen Physik sind Darstellungen und Symmetriegruppen, so lehrt es die Quantentheorie und sie gleichen insofern den symmetrischen Körpern der Platonschen Lehre."

(vgl. Naturwissenschaften und Philosophie: Der gestirnte Himmel, 2020)

Der Himmel in der Antike

Heute wissen wir, dass die Atmosphäre, also der Himmel, aus gasförmigen Elementen besteht. Die **Entdeckung der Atome** begann erst Anfang des 19. Jahrhunderts, als John Dalton herausfand, dass Materie aus kleinsten, nicht teilbaren Einheiten aufgebaut ist. Wie unglaublich aber ist es, dass die griechischen Philosophen **Demokrit und Leukipp vor 2400 Jahren** die ersten waren, die von einer Materie sprachen, welche aus unteilbaren Grundbausteinen zusammengesetzt sei!

(vgl. Welt der Physik: Entdeckung der Atome, 2020)

Demokrit (460 – 370 vor Christus)

Demokrit, der letzte große Naturphilosoph, vertrat die für die damalige Zeit unglaublich weit vorauseilende und beeindruckende Ansicht, dass die gesamte Natur aus kleinsten, unsichtbaren, unteilbaren Einheiten (Elementarteilchen), den Atomen, zusammengesetzt sei." (vgl. Demokrit, 2020) Bei der Entstehung der Welt, so Demokrit, hätten sich die leichten Teilchen in einer Wirbelbewegung nach außen, die schweren nach innen bewegt. Die Entstehung der Gestirne sei durch die äußeren leichten Teilchen verursacht worden, die Entstehung von Himmel und Erde sei den schweren Teilchen zu verdanken.

(vgl. Demokrit, 2020 – vgl. Demokrit, philosophische Grundgedanken, 2020)

Platon (428 - 348 vor Christus))

Platon meinte, die Natur habe allein deswegen dem Menschen die aufrechte Haltung gegeben, damit er den Himmel betrachten könne, mit dem er gewissermaßen verwandt sei. *Die Sonne ist bei Platon ein Sinnbild des Guten und Licht ist dem Wesen nach Wahrheit und Sein.* Das bekannte **Sonnengleichnis** in Platons Werk *Politea* lässt sich seinem Gehalt nach etwa folgendermaßen interpretieren:

„Licht steht auch für Sein. Das Sonnenlicht ist die Quelle für das Leben. Die Sonne verleiht den sinnlich sichtbaren Gegenständen nicht nur das

Vermögen des Gesehenwerdens, sondern auch Werden, Wachsen und Nahrung, ohne dass sie selbst ein Werden ist. Entsprechend strömt aus dem Guten nicht nur Wahrheit als Möglichkeitsbedingung für die Erkenntnis, sondern es schafft auch Sein und Wesensfülle als Bedingung des Daseins."

(vgl. Jens Halfwassen, 2006)

Aristoteles (384 - 322 vor Christus)

Der Naturphilosoph Aristoteles beschrieb die Gestirne als die vollkommensten Realitäten. Ihre Bewegungen ließen sich auf andere Gesetze zurückführen als die aller irdischen Körper. Die himmlischen Körper, unveränderlich und ewiglich ihre Kreise ziehend, bestehen aus dem fünften Element, dem *Äther*. Die Entstehung der Elemente, Gesichtspunkte zur Erde und astronomische Theorien behandelte Aristoteles in seinem berühmten vierbändigen Werk *„Über den Himmel."*   (vgl. Über den Himmel, 2020)

Epikur (341 – 270 vor Christus)

Epikur griff den Atomismus später wieder auf, als er schrieb: „Sowohl die Sonne als auch der Mond als auch die übrigen Sterne sind nicht getrennt voneinander entstanden und auch nicht erst später vom Kosmos und allem, was er enthält, umfangen worden. Vielmehr wurden sie alle mit einem Mal gestaltet und begannen zu wachsen – so wie auch Land und Meer - und zwar infolge der *Ansammlung feinteiliger Körperchen,* die sicherlich entweder *luftartig oder feuerähnlich oder beides zugleich* sind." (Pythokles 90)

(vgl. Epikur, 2011)

Der Himmel im Neuplatonismus und Pantheismus

Im **Neuplatonismus** (3. Jh. n. Chr.) war **Plotin** der Auffassung, „die immaterielle Weltseele strahlt die gestaltende Naturkraft (physis) aus, die aus *feinstem Äther* besteht und mit dem Weltkörper verbunden ist – so wie die menschliche Seele mit dem menschlichen Körper ebenfalls verbunden ist [...]."   (vgl. Seelenlehre – Platon heute, 2020)

In Plotins *Enneaden* (V 1,2) schreibt er weiterhin: „Die menschliche Seele ist ihrem eigentlichen Wesen nach ein Teil der (Welt-)Seele (psyche) und gehört damit dem wahren Sein an. Die ganze (Welt-)Seele ist in jeder einzelnen menschlichen Seele gegenwärtig. Die menschliche (Teil-)Seele trägt deshalb das *Ganze* in sich: Jede Seele muss bedenken, dass sie es war, die alle Wesen erschaffen hat und ihnen Leben eingehaucht hat. Sie selbst hat erschaffen den *großen Himmel*, die Sonne und die göttlichen Gestirne, die Ordnung ihrer Kreisbewegungen, die Luft, das Meer und alles, was die Erde ernährt […]." (vgl.Seelenlehre-Platon heute, 2020)

In der pantheistischen ist die Natur von Gott durchdrungen.

Die Bekenntnisse von Naturlehre **Augustinus Aurelius** (354-430 n.Chr.) zeigen eine deutliche Nähe zum **Pantheismus der Stoiker.**

„Und so dachte ich auch dich [gemeint ist Gott], Leben meines Lebens, als eine große Masse in unendlichen Räumen, die den ganzen Weltstoff durchdringt und sich außerhalb seiner durch unendliche Räume ohne Grenze verbreitet, so dass die Erde, Himmel und alles in sich enthalte, und alles in ihr eine Grenze finde, du aber nirgends begrenzt seist. Und wie das Stoffliche dieser Luft, die über der Erde liegt, dem Sonnenlicht nicht widersteht, sondern die Lichtstrahlen übermittelt, die sie durchdringen ohne sie zu zerreißen oder zu zerschneiden, sondern indem sie ganz erfüllen, so glaubte ich, sei das Stoffliche nicht nur des Himmels, der Luft und des Meeres, sondern auch der Erde durchlässig für dich, und sei es in seinen größten wie in seinen kleinsten Teilen von dir zu durchdringen, um so deine Anwesenheit in sich aufzunehmen, der du wie mit einem Hauch von innen und von außen alles lenkst, was du erschaffen hast."

(vgl. Augustins philosophischer Grund, 2006)

Weiter schrieb Augustinus Aurelius:

„Gott, nach dessen Gesetzen die Pole sich drehen, die Gestirne ihre Bahnen vollenden, die Sonne dem Tag gebietet, der Mond die Nacht beherrscht und die ganze Welt in den Tagen mit dem Wechsel von Licht und

Dunkelheit, in den Monaten mit dem Zunehmen und Abnehmen des Mondes [...], in den Jahrfünften mit der Vollendung der Sonnenbahn, in den großen Zyklen mit der Rückkehr der Gestirne zu ihrem Anfang, die große Beständigkeit des Alls [...], dir allein bin ich zu dienen bereit [...]."

(Vgl. Seelenlehre – Platon heute, 2020)

Der Himmel bei Seneca, Kant, Schopenhauer und Nietzsche

Seneca (ca. 4 v. Chr. – 65 n. Chr.)

Es ist interessant, dass der Philosoph **Seneca** den menschlichen Geist mit der Beweglichkeit des Himmels und der Regelhaftigkeit des Universums gleichsetzte. In seinem Werk „De brevitate vitae" (Von der Kürze des Lebens) schrieb er: „Dies überrascht nicht, wenn man seine Ursprungsquelle betrachtet: *Der menschliche Verstand wurde nicht aus schwerem Stoff gemacht, sondern kam vom himmlischen Geist*: aber himmlische Dinge sind von Natur aus immer in Bewegung, flüchtig und äußerst schnell vorangetrieben. Schau die Planeten an, die die Welt erhellen. Nicht ein einziger befindet sich im Ruhezustand. Sich von Ort zu Ort bewegend gleitet die Sonne beständig und obwohl sie sich mit dem Universum dreht, ist ihre Bewegung trotzdem entgegengesetzt zu der des Firmaments [...]"

(vgl. Prantl, 2019)

Immanuel Kant (1724 – 1804)

Kant veröffentlichte sein Werk *Allgemeine Naturgeschichte und Theorie des Himmels* im Jahre 1755 anonym. Nach Kants Meinung war unser Sonnensystem eine vergleichbare Verkleinerung des Milchstraßensystems und anderer Galaxien, die aus einem Urnebel entstanden seien. Gemeinsam mit der Erde habe sich aus präsolarem Urnebel der Mond als Doppelplanet gebildet. Doch sah Kant den gestirnten Himmel und die Unendlichkeit des Universums nicht ausschließlich unter dem Aspekt astronomischer Fragestellungen. Er betrachtete beides vielmehr in Ehrfurcht vor der Schöpfung, vor einer Schöpfung, die so genial und perfekt angelegt ist, wie sie nicht genialer und perfekter sein kann.

„Zwei Dinge erfüllen das Gemüt mit immer neuer und zunehmender Bewunderung und Ehrfurcht, je öfter und anhaltender sich das Nachdenken damit beschäftigt: der bestirnte Himmel und das moralische Gesetz in mir." Ehrfürchtig über die Ordnung und Regelhaftigkeit des Universums nachdenkend stellt Kant einen Zusammenhang mit Gesetzmäßigkeiten persönlicher Moral her. „Der erste Anblick einer zahllosen Weltenmenge vernichtet gleichsam meine Wichtigkeit als eines tierischen Geschöpfs, das die Materie, daraus es ward, dem Planeten (einem bloßen Punkt im Weltall) wieder zurückgeben muss, nachdem es eine kurze Zeit (man weiß nicht wie) mit Lebenskraft versehen wurde."

(vgl. Allgemeine Naturgeschichte und Theorie des Himmels, 2020 - vgl. Eisler-Kant: Himmel über mir, 2020)

Schopenhauer (1788 - 1860)

Schopenhauer war der Meinung, es bestehe eine Unvereinbarkeit der astronomischen Sichtweise des Himmels und dem Glauben an einen persönlichen Gott. Weiterhin spricht er von einer Übereinstimmung zwischen der Bewegung der Himmelskörper und dem menschlichen Handeln. „Wenn der nächtliche Himmel uns zahllose Welten vor Augen bringt und so die Unermesslichkeit der Welt auf das Bewusstsein eindringt, so fühlen wir uns selbst zu [einem] Nichts verkleinert […]"

(vgl. Himmel - Schopenhauers Kosmos, 2020)

Nietzsche (1844 - 1900)

Bedeutende Motive zur Philosophie von Nietzsche finden sich in seinem Werk „Also sprach Zarathustra." Nietzsches Zwiegespräch mit dem Himmel erscheint verzweifelt und widersprüchlich: Er bezeichnet den Himmel einerseits als „Licht-Abgrund," aber zugleich als „ewige Sicherheit." Auch schreibt er von „meinem" Himmel und es klingt, als habe dieser für Nietzsche einen rettenden Aspekt in seiner letzten Lebensphase.

Vor Sonnen - Aufgang *(Also sprach Zarathustra)*

„O Himmel über mir, du Reiner! Du Licht-Abgrund! Dich schauend schaudere ich vor göttlichen Begierden. In deine Höhe mich zu werfen, das ist *meine* Tiefe! In deine Reinheit mich zu bergen, das ist meine Unschuld! Den Gott verhüllt seine Schönheit: so verbirgst du deine Sterne. Du redest nicht: *so* kündest du mir deine Weisheit [...]. „Und wer nicht segnen kann, der soll fluchen *lernen!"* – diese helle Lehre fiel mir aus hellem Himmel, dieser Stern steht auch noch in schwarzen Nächten an meinem Himmel. Ich aber bin ein Segnender und ein Ja-Sager, wenn du nur um mich bist, du Reiner! Du Licht-Abgrund! – in alle Abgründe trage ich da noch mein seliges Ja-Sagen. Das aber ist mein Segen: über jedwedem Ding als sein eigener Himmel stehn, als sein rundes Dach, seine azurne Glocke und ewige Sicherheit: und selig ist, wer also segnet. Wahrlich, ein Segen ist es und kein Lästern, wenn ich lehre: „Über allen Dingen steht der Himmel Zufall, der Himmel Unschuld, der Himmel Ohngefähr, der Himmel Übermut" [...]. Diese Freiheit und Himmels-Heiterkeit stellte ich gleich azurner Glocke über alle Dinge, als ich lehrte, daß über ihnen und durch sie kein „ewiger Wille" – will [...]." (vgl. Nietzsche, Friedrich, 2020)

Was meinen Sie, glaubte Friedrich Nietzsche an seinen reservierten Fensterplatz im Himmel oder nahm er sich selbst aus, als er fragte: *„Hat man bemerkt, dass im Himmel alle interessanten Menschen fehlen?"* (Nietzsche)

Kapitel 3:   Der Himmel aus sprachlicher Perspektive

Unser deutsches Wort „Himmel" geht auf das Althochdeutsche zurück und hat seine Wurzeln im Indogermanischen, unserer gemeinsamen europäischen Ursprache. Alle Formen vom Althochdeutschen, Altnordischen, Altenglischen und Germanischen sind zurückzuführen auf das indogermanische Wort *ḱem `bedecken, verhüllen.`

Althochdeutsch	himil (8. Jh.)
Mittelhochdeutsch	himel
Altnordisch	himinn
Altenglisch	heofon
Englisch	heaven
Germanisch	*hemila, *hemina

Die Bedeutung „das Bedeckende, Decke, Hülle" steht etymologisch mit der Wortfamilie `Hemd`, germanisch *hama, *haman, `Hülle, Haut` und mittelhochdeutsch mit `ham` = Decke, Hülle in Verbindung.

Hemisphäre: Hälfte der Erd- oder Himmelskugel

Griechisch	hēmisphāirion, Halbkugel
	hēmi, halb
	sphairíon, kleine Kugel
Lateinisch	hēmisphaerium (18. Jh.)

Himmel in alten Sprachen

Englisch	heaven, Himmel
Altenglisch	heofon
Altsächsisch	heban
Altnordisch	himinn
Althochdeutsch	himil

Caelus war im Lateinischen der Himmelsgott, Sohn des Äther, Vater des Saturnus.

In den romanischen Sprachen

Lateinisch	caelum, Himmel
Italienisch	cielo
Spanisch	cielo
Französisch	ciel
Rumänisch	cer

In den nordischen Sprachen

Isländisch	himmin
Norwegisch	himmel
Schwedisch	himmel
Dänisch	himmel

(vgl. Woher kommt Himmel/Wortherkunft von Himmel, 2020)

Der Himmel im gegenwärtigen Sprachgebrauch

Es gibt in jeder Sprache und auf der ganzen Welt Tausende von Aussprüchen, Redewendungen und Aphorismen zur Himmelsthematik.

Einige wenige seien herausgegriffen:

„Im 7. Himmel schweben" (überglücklich oder verliebt sein)

Woher kommt dieser Ausspruch? Er stammt nicht aus der Bibel, er geht vielmehr auf antike philosophische Betrachtungen von Aristoteles zurück. Er stellte den Himmel in 7 Gewölben dar, in welche die 7 Planeten eingebettet sein sollten.

Der jüdische *Talmud* dagegen spricht vom *Araboth*, dem 7. Himmel, der der Oberste Himmel ist. Auch der *Koran* beschreibt den 7. Himmel in Sure 17, Vers 44: „Ihn preisen die 7 Himmel und die Erde." In der christlichen Zahlensymbolik steht die 7 für Vollkommenheit. (vgl. Der 7. Himmel, 2020)

„Der Himmel auf Erden" (J. Milton)

Himmel und Erde waren nach der Offenbarung des Johannes getrennte Bereiche. Der englische Dichter John Milton erklärte das verlorene Paradies zum Himmel auf Erden. Besondere irdische Freuden wurden erst im 18. Jahrhundert als „himmlisch" bezeichnet. (vgl. Pöppelmann, 2008)

„Himmelhochjauchzend, zu Tode betrübt" (Goethe)

Geht auf Goethes Drama *Egmont* zurück, in dem das verliebte Klärchen singt: "Freudvoll und leidvoll, gedankenvoll sein: langen und bangen in schwebender Pein; *himmelhochjauchzend, zum Tode betrübt*; glücklich allein ist die Seele, die liebt." (vgl. Pöppelmann, 2008)

Wer mit dem Kopf in den Wolken lebt, braucht lange Beine.

bedeutet, dass Träumer, Idealisten und Fantasten gut geerdet sein müssen, um bodenständig zu bleiben. (unbekannt)

Eher stürzt der Himmel ein, als dass eine Bank wie Lehmann Brothers Pleite geht. (unbekannt)

bedeutet so viel wie: es ist ausgeschlossen, dass...

„Nemo nascitur, sed fit" *(Seneca)* Es ist noch kein Meister vom Himmel gefallen

„Der Himmel ist schwer zu verdienen, sprach der Abt, als er aus dem Bette fiel und die Nonne ein Bein brach." (vgl. Karl Simrock, 1846)

Du lieber Himmel !

Wer immer in den Himmel schaut, wird nie etwas auf der Erde entdecken.

In einer guten Ehe fügen sich Himmel und Erde zusammen.

Klarem Himmel und lachenden Herren soll keiner trauen.

Willst du den Himmel gewiss haben, tauge etwas auf der Erde.

Kapitel 4: Der Himmel aus literarischer Perspektive

Über den Himmel gibt es bei **Goethe** „Prolog im Himmel" und **Dante** „Die göttliche Komödie" wunderbare Literatur. **Schiller** verfasste die „Ode an die Freude", die von Beethoven vertont wurde, Wassily **Kandinsky** schrieb über „Das Geistige in der Kunst", Gottfried **Benn** dachte in „Blaue Stunde" melancholisch über die Dämmerung nach. In Goethes *Faust* besingen die himmlischen Heerscharen in einer Hymne die unerreichbare, unendliche Schöpfung.

Goethe (Faust), Prolog im Himmel:

„[...] Raphael:

Die Sonne tönt, nach alter Weise,

In Brudersphären Wettgesang,

Und ihre vorgeschriebne Reise

Vollendet sie mit Donnergang.

Ihr Anblick gibt den Engeln Stärke,

Wenn keiner sie ergründen mag;

Die unbegreiflich hohen Werke

Sind herrlich wie am ersten Tag.

Gabriel:

Und schnell und unbegreiflich schnelle

Dreht sich umher der Erde Pracht;

Es wechselt Paradieseshelle

Mit tiefer, schauervoller Nacht. [...]"

(vgl. Johann Wolfgang von Goethe:" Prolog im Himmel," 2020)

Dante Alighieri (1265-1321) hat das Epos *„Die Göttliche Komödie"* in seinen letzten Lebensjahren geschrieben. (Erstveröffentlichung 1472)

Das Paradies

Erster Gesang. Invocation. Siebenter Morgen. Aufflug zum Himmel. Belehrung über das Weltall.

„Der Ruhm deß, der bewegt das große Ganze,

Durchdringt das All, und *diesem* Theil gewährt

Er minder, *jenem* mehr von seinem Glanze.

Im Himmel, der sein hellstes Licht verklärt,

War ich und sah, was wieder zu erzählen

Der nicht vermag, der von oben kehrt. [...]

Und plötzlich schien ein Tag zum Tag zu kommen,

Als sei durch den, der's kann, am Himmelsrand

Noch eine zweite neue Sonn' entglommen. [...]

Im Himmel, wo der Frieden Gottes ruht,

Dreht sich ein Kreis, in dessen Kraft und Walten

Das Sein all deß, was er enthält, beruht.

Der nächste Himmel, reich an Lichtgestalten,

Vertheilt dies Sein verschiednen Körpern drauf,

Von ihm gesondert, doch in ihm enthalten.

Aus andren Kreisen von verschiednem Lauf

Nimmt die verschiedne Kraft, in ihnen lebend

Dann jeder Stern nach seinen Zwecken auf.

So siehst du diese Weltorgane schwebend,

In sich im Kreis bewegt von Grad zu Grad,

Von oben nehmend und nach unten gebend. [...]"

Dantes Paradies:

Als Gebiet zwischen Fegefeuer und Himmel kommt Dante in den Garten Eden. In Anlehnung an die Weltanschauung von *Dionysius Aeropagita* *("Die Himmlische Hierarchie,"* 5. Jh.) sollte die Stufenfolge der weltlichen Hierarchie der Kirche ein Abbild der himmlischen Hierarchien sein, die Dante im Garten Eden symbolisch darstellt.

(vgl. Göttliche Komödie/purgatorio)

In Dantes Werk, das sich auf der grenzenlosen Bühne des Kosmos abspielt, entsprechen die neun Himmelssphären den neun Areopagitischen Himmelshierarchien ("Himmlische Hierarchie" von Dionysos Aereopagita). Die Sphären der sieben Planeten und der Kristallhimmel gehören den neun Himmelssphären an.

Nach Dante umkreisen die Seelen, in einer Rangordnung in verschiedenen Himmeln platziert, als weite durchsichtige Kugelschalen die der Erde, der Venus, des Mars, des Jupiter und des Saturn. Licht und Bewegung leiten das Paradies; je höher Dante aufsteigt, umso gleißender wird das Licht. Die Sphären werden von geistigen Intelligenzen geführt. Das Wort "Engel" löste später den Begriff "geistige Intelligenzen" ab.

Weisheit, Mäßigung, Tapferkeit und Gerechtigkeit sind die vier großen Tugenden im Paradiso. Sie werden repräsentiert von den vier Himmelssphären der Sonne, des Mars, der Venus und des Jupiter.

Friedrich Schiller (1759-1805) und die *Ode An die Freude* entstand in einer frühen Fassung 1785.

Sie wurde von *Ludwig van Beethoven* im 4. Satz seiner 9. Sinfonie für den Schlusschor vertont.

„Freude, schöner Götterfunken,

Tochter aus Elisium,

Wir betreten feuertrunken

Himmlische, dein Heiligthum.

Deine Zauber binden wieder,

was der Mode Schwerd getheilt;

Bettler werden Fürstenbrüder,

wo dein sanfter Flügel weilt. [...]

Freude heißt die starke Feder

in der ewigen Natur. [...]

Blumen lockt sie aus den Keimen,

Sonnen aus dem Firmament,

Sphären rollt sie in den Räumen,

die des Sehers Rohr nicht kennt.

Chor.

Froh wie seine Sonnen fliegen,

durch des Himmels prächtgen Plan,

laufet Brüder eure Bahn,

freudig wie ein Held zum siegen.   (vgl. An die Freude, 2020)

Der russische Maler **Wassily Kandinsky (1866-1944)** schrieb im 6. Kapitels seines Buches **Über das Geistige in der Kunst** zur Himmelsfarbe Blau:

[...] „Je tiefer das Blau wird, desto mehr ruft es den Menschen in das Unendliche, weckt in ihm die Sehnsucht nach Reinem und schließlich Übersinnlichem. Es ist die Farbe des Himmels, so wie wir ihn uns vorstellen bei dem *Klange des Wortes Himmel.* [...]" (vgl. Kandinsky, 1952)

Der deutsche Dichter der literarischen Moderne **Gottfried Benn (1886-1956)** verfasste in seinen letzten Lebensjahren ein Gedicht zur Dämmerung. Aufgehoben nur im entrückten Blau der Dämmerung verleihen Hoffnung und Vergänglichkeit dem Gedicht seinen besonderen melancholischen Ton der Zerbrechlichkeit.

Blaue Stunde

„[...] Du bist so weich, du gibst von etwas Kunde,

von einem Glück aus Sinken und Gefahr,

in einer blauen, dunkelblauen Stunde

und wenn sie ging, weiß keiner, ob sie war. [...]"

(vgl. Blaue Stunde - Deutsche Lyrik, 2020)

Kapitel 5: Der Himmel aus musikalischer Perspektive

„Die Musik beruht auf der Harmonie zwischen Himmel und Erde, auf der Übereinstimmung des Trüben und Lichten." *(Lü Bu We)*

„Gustav Mahler bezeichnete sich als ein Instrument, auf dem das Universum spiele und Johann Sebastian Bach sagte, er spiele zwar die Noten, mache aber nicht selbst die Musik." (vgl. Wo Himmel und Erde sich berühren, 2020)

Heinrich Heine schreibt: „Was ist Musik? Sie steht zwischen Gedanken und Erscheinungen; als dämmernde Vermittlerin steht sie zwischen Geist und Materie; sie ist bescheiden verwandt und doch von beiden verschieden; sie ist Geist, aber Geist, welcher eines Zeitmaßes bedarf; sie ist Materie, aber Materie, die des Raumes entbehren kann."

(vgl. Zitate über Musik von Heinrich Heine, 2020)

Der Musik eine geistige Komponente zuzuschreiben, mag einleuchten. Sie als Materie zu bezeichnen, stimmt auch: Töne bestehen aus Energie und Materie ist verdichtete Energie. Dass die Musik keinen Raum benötigt, stimmt physikalisch nicht. Wir könnten Musik nicht hören, würde der Schall sich im Raum nicht ausbreiten. Wenn Heinrich Heine die Materie aber unter dem Aspekt von Raum beanspruchender Masse verstand, trifft der Gedanke zu, dass Musik den Raum entbehren kann, da sie nicht aus Masse besteht. Dennoch ist die Idee schön, der Musik Geistigkeit zuzuschreiben und sie mit himmlischem Geist in Verbindung zu bringen, kann man doch die Musik als Widerhall des Himmels ansehen. Von dem Historiker Thomas Carlyle wird sie als Sprache der Engel bezeichnet und Jean Paul sagt treffend: **„Musik ist die Poesie der Luft."**

Mit Luft wird die Atmosphäre bezeichnet. Gibt es aber so etwas wie Sphärenmusik? Gibt es im Universum Klänge oder ist unendliche Stille? In der griechischen Antike hatte man die Vorstellung von Sphärenharmonien: die Töne würden durch sich bewegende Himmelskörper entstehen, da sie durchsichtige Kugeln tragen, deren Abstände und Geschwindigkeit die Höhe der Töne ausmache. Pythagoras ging dieser Theorie als erster nach, Johannes Kepler griff sie auf und fand heraus, dass die Winkelgeschwindigkeit eine Übereinstimmung zwischen den Verhältnissen des Sonnensystems und den musikalischen Intervallen aufweist. Auf der Suche nach der Weltenharmonie schrieb Kepler das Werk „Harmonices Mundi", das auf den Verhältnissen von Umlaufzeiten der Planeten des Sonnensystems beruht. Wissenschaftlich exakt nachgewiesen wurde Sphärenmusik jedoch nicht. Weiß der Himmel...!

(vgl. Sphärenharmonie, 2020)

Gregorianischer Choral und Kirchenmusik

Nachweisbar ist himmlische Musik im Gregorianischen Choral der frühchristlichen Kirche. Seine Texte sind der Bibel, teilweise den Apokryphen entnommen und bestehen größtenteils aus Psalmen. Der Hymnus, eine hohe Verehrung und Lobpreisung, ist ein besonderes Merkmal des ambrosianischen Gesangs („O Heiland, reiß die Himmel auf"). Vereinzelt in der Liturgie und nur in wenigen Kirchen erklingt heute noch Gregorianischer Gesang.

(vgl. Gregorianischer Choral, 2020)

Um das Jahr 1300 wurde das Wort „Kirchenmusik" (*musica ecclesiastica*) erstmalig von dem französischen Musiktheoretiker *Johannes de Grocheo* verwendet und zwar für den Gregorianischen Gesang im Gegensatz zu mehrstimmigen Gattungen. Die Kirchenmusik wird auch Sakralmusik oder *musica sacra* genannt. Messvertonungen, Kantaten, Motetten, Choräle und einstimmige Kirchengesänge sind typische Formen der musica sacra.

(vgl. Johannes de Grocheo, 2020)

Das Te Deum in C-Dur von Anton Bruckner „Voll sind Himmel und Erde von deiner hohen Herrlichkeit [...]" gilt als eines der bedeutendsten Chorwerke innerhalb der Kirchenmusik. Auch Scarlatti, Purcell, Schütz u.a. vertonten im 16./17. Jahrhundert das Te Deum. Mozart komponierte das Requiem d-moll und vertonte das Sanctus „Voll sind Himmel und Erde des Ruhmes dein."

(vgl. Te Deum, 2020)

Geistliche Musik des Mittelalters,
der Renaissance und des Barock (Bach, Händel)

Im **Mittelalter** wurde Musik besonders in Kirchen und Klöstern ge-
pflegt. Die bereits in frühchristlicher Liturgie verwendeten diatonischen
Tonleitern, bzw. Kirchentonleitern bildeten das Fundament der mittelal-
terlichen Musik. Kirchentonarten unterscheiden sich in Klang und Charak-
ter von Dur- und Moll-Tonarten, wurden von dem Griechen übernommen
und enthalten dorische, phrygische, lydische äolische Modi. Um einem
Musikstück eine bestimmte Ausdrucksform zu verleihen, verwendete man
z. B. in der Marienverehrung oft die lydische Tonleiter. Auch in *Beethovens*
VI. Sinfonie findet man pastorales F-Dur im lydischen Modus.

(vgl. Diatonische Tonleitern, 2020)

Martin Luther bezeichnete die Musik als Gabe und Geschenk Gottes.
Geistliche Texte wurden in der **Renaissance** vertont, Motetten und Messen waren typische Ausdrucksformen jener Zeit (15./16. Jh.).

Der Renaissancemusik folgte die **Barockmusik** im 17. und 18. Jahrhundert. Die berühmtesten Komponisten „himmlischer Musik" waren **Johann
Sebastian Bach** und **Georg Friedrich Händel**. Sie schrieben großartige
Werke, denke man nur an das überwältigend schöne „Halleluja" aus dem
Messias von Händel oder höre man die beeindruckende h-moll-Messe und
Matthäus-Passion von Bach. Händel befasste sich bei seiner Komposition
des Oratoriums „Massiah" mit dem Alten Testament. Bach komponierte
über 250 Orgelwerke, 200 Kantaten, mehrere Oratorien und Messen. In
der Epoche der Barockmusik entstanden zahlreiche sakrale Kompositio-
nen. Bach schrieb Passionen, Oratorien, Kantaten, Orgelwerke, Fugen,
Choräle, Magnificate. Händel schrieb Oratorien, Kantaten, Hymnen, Kir-
chenlieder, Lobgesänge. („Singt, Himmel, singt," „Du Gott, dem Erd' und
Himmel schweigt", „Laetentur, Coeli – Freut euch, ihr Himmel", „Dem
Himmel gleicht".) Nachdem Händel den „Messiah" komponiert hatte,
sagte er: „Mir war, als sähe ich den Himmel offen, und den Allmächtigen
selbst auf seinem Thron." Der schlichte Choralsatz „Vom Himmel hoch, da
komm ich her" stammt aus der 2. Kantate des Weihnachtsoratoriums von

Bach. Zu seinen Kantaten gehören auch „Gleich wie der Regen und Schnee vom Himmel fällt", „O Heiland, reiß die Himmel auf", „Die Himmel erzählen die Ehre Gottes." Teile aus Bachs Psalm 19 wurden später von anderen Komponisten übernommen. *Felix Mendelssohn Bartholdy* schuf eine Motette daraus und *Joseph Haydn* beendete den 1. Teil der Schöpfung mit dem Chor „Die Himmel erzählen die Ehre Gottes." *Ludwig van Beethoven* vertonte *C.F. Gellerts* Text „Die Himmel rühmen des Ewigen Ehre" in einem Chorsatz. Er gehört zu den bekanntesten geistlichen Liedern.

(vgl. Bach-Werke-Verzeichnis, 2020 – vgl. Händel-Werke-Verzeichnis, 2020)

Die Himmel rühmen des Ewigen Ehre

Ihr Schall pflanzt seinen Namen fort.

Ihn rühmt der Erdkreis, Ihn preisen die Meere,

Vernimm, o Mensch, ihr göttlich Wort.

Wer trägt der Himmel unzählbare Sterne?

Wer führt die Sonn' aus ihrem Zelt?

Sie kommt und leuchtet und lacht uns von ferne,

Und läuft den Weg gleich wie ein Held.

(vgl. Die Himmel rühmen, 2020)

Himmelszitate großer Komponisten und Anderer

Des „A" kenn-*as e* net, *a-b-a* des „E" kenn-*as a* net. (Chorleiter)

Musik ist höhere Offenbarung als alle Weisheit und Philosophie. *(Beethoven)*

Mit Hilfe der göttlichen Tonkunst lässt sich mehr ausdrücken und ausrichten als mit Worten. *(Weber)*

Als ich dieses Stück komponiert habe, war ich mir der Inspirierung vom allmächtigen Gott bewusst. Glauben Sie, ich kann auf Ihre kümmerliche kleine Geige Rücksicht nehmen, wenn er zu mir spricht? (Beethoven)

Bei einer andächtigen Musik ist allzeit Gott mit seiner Gnaden Gegenwart. (Bach)

Die Kreuze im Leben des Menschen sind wie die Kreuze in der Musik: sie erhöhen. (Beethoven)

Musik ist ein Teil des schwingenden Weltalls. (Busoni)

...damit dieses eine wohlklingende Harmonie gebe zur Ehre Gottes und zulässiger Ergötzung des Gemüths und soll wie aller Musik... Finis und Endursache anders nicht, als nur zu Gottes Ehre und Recreation des Gemüths sein [...]. (Bach)

Die Musik ist eine schöne herrliche Gabe Gottes und ein Vorbild und Gleichnis der himmlischen Musik. (Praetorius)

Musik ist so recht eine Vermittlerin des geistigen Wesens zum sinnlichen. (Beethoven)

Musik ist die Sprache der Engel. (Carlyle)

Die Töne sind der Irisbogen, der den Himmel mit dem Irdischen verbindet. (Andersen)

Die Musik beruht auf der Harmonie zwischen Himmel und Erde, auf der Übereinstimmung des Trüben und Lichten. (Lü Bu We)

Wann immer du die Schlüssel der Musik kennst, wie du die Türen zur Musik öffnen kannst, hast du auch die Türen zum Himmel geöffnet. Das Geheimnis liegt in der Musik. [...] Gehe und frage diese Winde, die durch die Bäume streichen – sie haben wahrscheinlich noch nie von der Bibel und dem Koran und der Gita gehört, doch sie kennen Musik. Musik ist so großartig, dass es sie alle wieder erschaffen wird. Musik ist himmlisch. (Osho, Tao)

Musik ist gehörte Ewigkeit *(unbekannt)*

Ist etwas so mächtig, die Herzen zu gewinnen, zu binden, zu fesseln die menschlichen Sinne, so ist es die Musik. Wird diese gehört, bewegt sie den Himmel, die Hölle, die Erd.'

In der Musik hat Gott den Menschen die Erinnerung an das verlorene Paradies hinterlassen. (Hildegard von Bingen)

Musik ist Sehnsucht des Menschen nach einem Himmel in seiner Seele. (Kupke)

Die Musik von Johann Sebastian Bach kommt aus der gleichen Urkraft, aus welcher die Schöpfung entstanden ist. (unbekannt)

Die Wohnstatt der Musik ist der Himmel. (Indien)

Musik ist die Brücke zum Paradies. (unbekannt)

Freue dich, dass die Gabe des Lieds vom Himmel herkommt, dass der Sänger dir singt, was die Muse ihn gelehrt. (Schiller)

Wie oft hat der Ton eines Gesanges, der simple Gesang einiger himmlischer Töne einen Menschen aus dem tiefsten Abgrund der Traurigkeit bis in den Himmel erhoben. (Herder)

Musik ist Vorfreude auf den Himmel. (Lahm)

Musik ist die Sprache des Himmels. (Lahm)

Musik ist die Aufhebung aller Räumlichkeit. (Hegel)

Alle Instrumente lernen, die es gibt. So könnte ich mir eine ganz spannende Ewigkeit vorstellen. (Lahm)

Licht im Guten nur im Wahren, auch im holden Reich des Schönen, in den Farben, Formen, Tönen will sich Gott uns offenbaren. (B.A. Wagner)

Musik ist der Widerhall der Himmel. (Hildegard von Bingen)

Der herrliche Kirchengesang: Venit Creator Spiritus ist ganz eigentlich ein Appel ans Genie; deswegen er auch geist- und kraftreiche Menschen gewaltig anspricht. (Goethe)

Das ist das Wesen der Musik, dass sie die Seele zur Harmonie des Weltalls stimmt. (Pythagoras)

(vgl. Berühmte Zitate-Musik, 2020)

Kapitel 6:   Der Himmel aus religiöser Perspektive

Die heutigen Vorstellungen vom Himmel sind eine historisch gewachsene Mischung aus dem hebräischen Denken und der griechischen Philosophiegeschichte. In vielen Religionen stellt man sich den Himmel als eine Sphäre vor, in der Gott und seine übernatürlichen Wesen beheimatet sind. Zur Zeit des Alten Testaments war dies eine verbreitete Sichtweise. So wie die Erde ist auch der Himmel in die Schöpfung eingebunden. Der Himmel wird in den Religionen als feststehendes Bild für den ersehnten Ort des Weiterlebens nach dem Tod verstanden.

Im **Alten Testament** spricht die Genesis von einer zweigeteilten Welt, die aus Himmel und Erde besteht und alle sichtbaren und unsichtbaren Dinge verkörpert. JHWH ist neben himmlischen Heerscharen und Engeln im Himmel, einem unerreichbaren Ort, beheimatet.

Im **Christentum** war man sich uneinig, ob der Himmel nach dem **Neuen Testament** der Ort ist, an dem der Mensch Gott begegnet oder ob der Himmel der Ort ist, an dem der Mensch nach Genesis 2-3 einst wieder ins Paradies eintritt. Vom Mittelalter bis in die Gegenwart war es so, dass die Vorstellungen vom Himmel den Dogmen der Päpste entsprechen sollten. Zentraler Gedanke der Katholischen Lehre vom Himmel ist die Gottesschau (Visio beatifica) nach dem Tod. Im Matthäusevangelium ist das Himmelreich für die Predigten Jesu bedeutend, während die Offenbarung des Johannes den Himmel mit der Vorstellung des Himmlischen Jerusalems verbindet.

Der Glaube im **Judentum** sagt, Gott schicke den Menschen beim Gericht entweder ins Paradies oder in die Hölle. Nach der Auferstehung sei der Himmel als Ort Gottes unerreichbar. Es besteht also eine Trennung zwischen Himmel und Paradies. Der Ausdruck „aller Himmel Himmel" kommt aus der jüdischen Religion, da man glaubte, es gäbe verschiedene

Ebenen im Himmel (ca. zehn Bereiche), von denen der oberste Himmel das Paradies sei. (vgl. Himmel – Bibelwissenschaft, 2020)

Im **Islam** wird der Himmel mit dem Paradies gleichgesetzt, das den Guten und Auserwählten vorbehalten bleibt. Es besteht eine physische Vorstellung vom Himmel: Er ist ein Garten, in dem Milch, Wasser und Honig fließen, ausgestattet mit edlen Teppichen, Sesseln und schönen Frauen. Durch die Himmelfahrt war es Mohammed möglich, „schon vor seinem Tod in den Himmel entrückt zu werden." (vgl. Himmel – Religion, 2020)

Im **Buddhismus** ist die Jenseitsvorstellung sehr komplex. Sie war bei buddhistischen Wissenshaftlern immer sehr umstritten, da unter anderem die Meinung vertreten wurde, dass alle Welten nur der menschlichen Vorstellung entsprängen. Wirklicher als die sogenannte Realität ist für den Buddhisten oft das sinnlich nicht Wahrnehmbare. Die Gläubigen haben die Hoffnung in einem Himmel oder in einem Buddhaland wiedergeboren zu werden. (vgl. Himmel und Hölle im Buddhismus, 2020)

Im **Hinduismus** hat der Himmel, den ein Mensch nach dem Tod erreichen kann, nur vorübergehende Bedeutung und stellt weniger einen Ort, als vielmehr einen Zustand dar. Er lässt sich am ehesten mit dem Begriff *Moksha* vergleichen, dem letzten und höchsten Ziel menschlichen Lebens. (vgl. Moksha, 2020)

Viele **alte Kulturen** beschrieben den Himmel in drei Ebenen: „Der blaue Himmel mit Wolken, das Weltall und der geistliche Himmel." (vgl. Gibt es verschieden Ebenen im Himmel? 2020)

Michelangelo

Kapitel 7:   Der Himmel aus künstlerischer Perspektive

Archäologen entdeckten 17.000 -15.000 **vor** Christus Wandmalereien vom Himmel in der Höhle von Lascaux. In allen Epochen hat der Himmel in der Malerei eine besondere Stellung eingenommen. Man denke nur an die Fresken der Himmelsdecke von Michelangelo in der Sixtinischen Kapelle von Rom, an die prachtvollen Himmelsfresken des Barock und Rokoko, an William Turners Lichtvisionen in seinen Aquarellen mit fließendem Übergang von Himmel und Erde oder an die unzähligen Himmelsmotive von Caspar David Friedrich über Claude Monet und Marc Chagall bis Wassily Kandinsky

Auch der Maler und Graphiker Albrecht Dürer widmete seine Studien den Himmelsbeobachtungen. Anlässlich des 500. Jahrestages der Drucklegung von Dürers Sternkarten präsentierte das Albrecht-Dürer-Haus in Nürnberg 2015 die beiden Originale in einer Sonderausstellung.

(vgl. Pressematerial „Der Nürnberger Himmel," 2020)

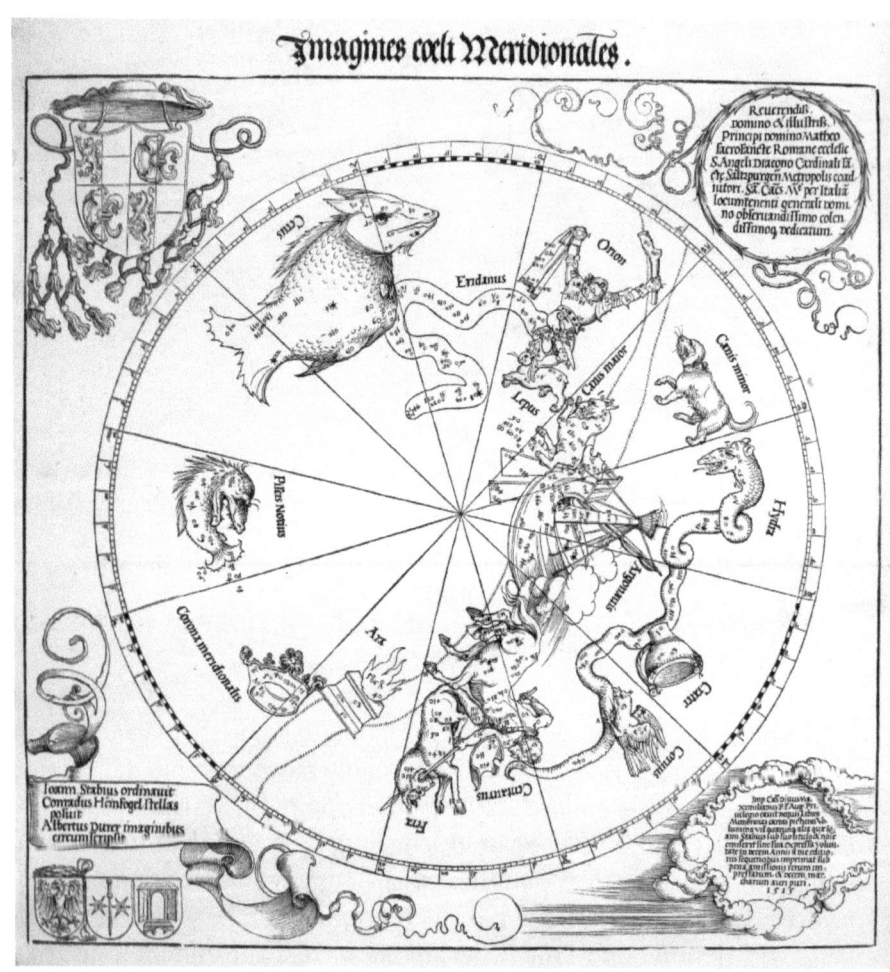

Albrecht Dürer, Sternkarte der südlichen Hemisphäre

John Constable und die Darstellung des Himmels

In der Zeit der Aufklärung entfernte sich die Malerei zunehmend von religiösen Motiven und wendete sich im Realismus exakten Naturbeobachtungen zu.

John Constable (1776-1837) zählt neben William Turner zu den bedeutendsten Landschaftsmalern der englischen Kunst und gilt als berühmtester Maler von Himmel- und Wolkendarstellungen.

Seine bekannte „Wolkenstudie" aus dem Jahr 1821 ist in der National Gallery of Victoria in Melbourne ausgestellt.

Constables Fähigkeit lag nicht nur im genauen Beobachten der Natur, er konnte auch einen langweiligen Himmel im Einheitsblau in eine düstere und stürmische Komposition verwandeln oder seine geliebten Suffolkwolken als dramatische Wolkenberge darstellen. Constable ist berühmt für seinen Wolkenhimmel; er hat England die allerschönsten Wolkenszenen geschenkt.

Constable

Der Himmel und seine Maler

von Renaissance bis Surrealismus, von Michelangelo bis Chagall

Es wäre zu umfangreich alle Künstler und ihre Himmelsdarstellungen zu interpretieren. Um jedoch einen Eindruck von der Vielzahl der existierenden Himmelsgemälde zu bekommen, sind die wichtigsten nachfolgend aufgelistet. (Quellen: Stilepochen und ihre Maler entstammen dem Internet bei Wikipedia, die Namen der Gemälde wurden pixabay oder pinterest entnommen.)

Michelangelo, Himmelsgewölbe der Sixtinischen Kapelle

Renaissance

Sie wollte die Kultur der griechischen und römischen Antike wiederbeleben (15./16. Jh.).

Michelangelo di Lodovico Buonarroti Simoni

Himmelsgemälde in der Sixtinischen Kapelle/Rom (s. Foto)
- Die Scheidung von Licht und Finsternis
- Die Erschaffung der Sonne, des Mondes und der Pflanzen

„Die Bekehrung Pauli"

„Allegory of Elements, the Universe and Signs of the Zodiac"

Himmelsszene im Vatikan

Albrecht Dürer

Sternkarten: Nördliche Hemisphäre, Südliche Hemisphäre

Pieter Bruegel

In Anlehnung an das Erste Buch Mose wollten die Menschen einen Turm bauen, „dessen Spitze bis an den Himmel reiche."

„Turmbau zu Babel"

Barock

Ende des 16. Jahrhunderts bis ca. 1760/70

Rembrandt van Rijn war ein Meister der Hell-Dunkel-Malerei. (Das wird deutlich im Himmel-Hintergrund des Gemäldes von „Ascension of Christ").

„Ascension of Christ"

Romantik

Ende des 18. Jahrhunderts bis ins späte 19. Jahrhundert

Caspar David Friedrich, war der bedeutendste Maler der Frühromantik und schuf zahlreiche Bilder zur Himmelsthematik.

„Ziehende Wolken"

„Morgennebel im Gebirge"

„Abend"

„Mondaufgang am Meer"

„Sunset (Brothers)"

„Nordische See im Mondlicht"

„Elbschiff im Frühnebel"

John Constable malte die berühmtesten Himmels- und Wolkenbilder.

„Wolkenstudie" (1821)

„Study of the Cirrus Clouds"

„Himmelsstudie"

„Stonehenge"

„Cloud Study"

„Extensive Landscape"

„Cloud Study, Horizon oft he Trees"

„On the Thames near Battersea Bridge"

„Study of Sky and Trees"

„Study of Sea and Sky"

John Constable

William Turner machte Wetter- und Wolkenstudien in seinen wunderbaren Aquarellen. In einem nie gleichgültigen Himmel, in düsteren Nachthimmeln und dramatischen Wolkenformationen setzte Turner Licht und Farbe meisterhaft ein. Himmels- und Luftverhältnisse sind lebendig, sind sich ständig verändernde Lichtverhältnisse. Turner arbeitete vom Licht in den Schatten, vom Gleißenden ins Verhangene.

„Sonnenuntergang über einem See"

„Rain, Steam and Speed"

„Licht und Farbe"

„Dampfschiff im Schneesturm"

Impressionismus, Kunstepoche des späten 19. Jahrhunderts

Claude Monet gilt als der berühmteste Vertreter des Impressionismus. Er malte zu verschiedenen Tageszeiten dasselbe Motiv und schuf durch die Veränderung des Lichtes die unterschiedlichsten Stimmungen. Er malte mit Vorliebe die Natur und Himmelsphänomene.

„Impression, aufgehende Sonne"

„Bei Sonnenaufgang in Venedig"

„Das Parlament in London bei Sonnenuntergang"

„Das Zollhäuschen am Morgen"

„Untergehende Sonne"

„Abendstimmung im Hafen von Le Havre"

„London, Waterloo -Brücke im Nebel"

„Die Kirche von Rouen am Abend"

„The Houses of Parliament, Stormy Sky"

„Parliament Sunset"

„Strand in Pourville, Sonnenuntergang"

Claude Monet

Auguste Renoir schenkte der Stimmung des Himmels weniger Aufmerksamkeit als Monet.

„The Beach at Varangeville"

„Sommerlandschaft"

„Seestück"

„Venedig, Dogenpalast"

Moderne Malerei

Vincent van Gogh war der Begründer der Modernen Malerei

„Feld unter Sturmhimmel"

„Sämann bei untergehender Sonne"

Expressionismus,

Stilrichtung des ausgehenden 19. Jahrhunderts

Wassily Kandinsky, Wegbereiter der abstrakten Kunst

„Himmelsblau"

„Strahlen"

„From Light into Dark"

„Mondaufgang"

„Dämmerung"

Surrealismus

Richtung moderner Kunst (nach 1. Weltkrieg)

Marc Chagall gilt als der bedeutendste Maler des 20. Jahrhunderts, seine Motive waren oft religiös.

„Mein Vollmond"

„Die Verliebten im Himmel!

„Das Paar am gelben Himmel"

„Zwischen Himmel und Erde"

Kapitel 8: Der Himmel aus architektonischer Sicht

Mythen und Rätsel, die bis heute ungeklärt blieben, ranken sich um **Stonehenge** in Südengland. Wie schafften es die Menschen der Jungsteinzeit mehrere 45-Tonnen schwere Megalithen zu bewegen? Welchem Zweck diente die Anlage? War sie ein Himmelsobservatorium? Man vermutete, sie sei zu astronomischen Zwecken erbaut worden, da Stonehenge 2620 v. Chr. zum ersten Mal zur Bestimmung der Sonnenwenden benutzt wurde und sich wie bei einem astronomischen Kalender Sonnen- und Mondfinsternisse voraussagen ließen.

(vgl. Stonehenge: Die Entstehung des mythischen Steinkreises, 2020)

Stonehenge

Nach der Bibelerzählung war der **Turmbau zu Babel** (Gen.11, 1-9) ein Versuch der Menschheit, einen Turm mit der Spitze bis zum Himmel zu bauen. Diese menschliche Vermessenheit wurde jedoch von Gott bestraft, so dass der Turmbau nicht vollendet werden konnte. Um 460 v. Chr. berichtete Herodot von babylonischen Tempeln, deren Türme bis in den Himmel reichen sollten, damit die Gottheiten zu den Menschen hinabsteigen könnten. (vgl. Turmbau zu Babel, 2020)

Das Spiralminarett von Samarra steht im Zusammenhang mit dem Turmbau zu Babel und gleicht einer architektonischen Himmelstreppe. Im Alten Testament waren Spiralbauten „Sinnbild für den Übermut der Menschen, die einen Turm in den Himmel bauen wollten." (vgl. Mathematik - Treppe zum Himmel, 2020)

Der 79 m hohe Yongle **Porzellan-Turm von Nanjing** hat die chinesische Bedeutung „Tempel vergoltener Dankbarkeit." Er sollte die Erhabenheit der Gottheiten und des Buddha darstellen. Die **Himmlischen Paläste** der Verbotenen Stadt in Peking sind von großartigem Prunk und symbolisieren die himmlischen Paradiese. (vgl. Kultur und Geschichte: Bauliche Errungenschaften des Kaisers Yongle in der Ming Dynastie, 2020)

Die Architektur der **Gotik** (Rippenbögen, Strebewerk, Spitzbogen) stand unter dem Leitgedanken, dass sich in ihr die Vollendung einer kosmischen Ordnung im Sakralbau offenbare. Man sah „die Kirche als Kosmos und die Kirche als Paradies – die Kathedrale als Himmelsstadt, als himmlisches Jerusalem." (vgl. Zum geschichtlichen und geistigen Hintergrund der Gotik," 2020). Da Licht als göttliche Erscheinung verstanden wurde, war Lichtdurchlässigkeit in den Kathedralen selbstverständliches Prinzip. Thomas von Aquin meinte, Licht gewähre Einblick in die Vollkommenheit des Kosmos und sei das schöpferische Prinzip, das der Himmelssphäre entstamme. (vgl. Zum geschichtlichen und geistigen Hintergrund in der Gotik, 2020)

In der Kunstepoche des **Barock** wird der architektonische Raum zur Vision des himmlischen Kosmos. Der barocke Kirchenraum ist voller Prunk, Überschwang, Gold und Marmor, der Himmel ist offen, der himmlische Festsaal wird auf die Erde geholt. Pompöses **Rokoko** erfüllt die bayerische **Wallfahrtskirche Wies**, die seit 1983 zum Weltkulturerbe der UNESCO zählt. Überschwang und Schmuckfreude wechseln sich mit der weißen Innenfassung des Kirchenraumes ab. Durch großzügig einfallendes Licht entsteht heitere Helligkeit, die den Blick auf das Deckengemälde des Gnadenhimmels freigibt.

(vgl. Baustile 4, 2020)

„Zum Himmel hoch – der Welt entgegen"

war stets der Traum vieler Architekten. Beim Bau einer großartigen Kathedrale, antiker Türme oder Skyscraper der Moderne lockte der himmlische Raum: „Einer, der den Zwängen des Alltäglichen gehorcht, nicht praktisch und nicht profitabel sein muss, der nur dem Nichtbeschreiblichen zu dienen hat. Hier darf der Architekt zeigen, was er kann: ein Künstler der Transzendenz."

(vgl. Zum Himmel hoch, der Welt entgegen, 2020)

Nachwort

Philosophische Gedanken zum Unendlichen

„Es kann zudem nicht anders sein, als dass ein räumlich endlicher Körper eine Grenze hat, selbst wenn diese nicht als solche wahrgenommen werden kann, und dass man sich einen an diesen angrenzenden Körper ebenso vorstellen muss. Und somit gelangt man, indem man immer weiter vom einen zu seinem nächstgelegenen Körper fortschreitet, gedanklich schließlich zwangsläufig ins *Unendliche*." (vgl. Epikur, 2011)

„Je tiefer das Blau wird, desto mehr ruft es den Menschen in das *Unendliche*, weckt in ihm die Sehnsucht mach Reinem und schließlich Übersinnlichem. Es ist die Farbe des Himmels, so wie wir ihn uns vorstellen bei dem Klange des Wortes Himmel." (vgl. Kandinsky, 1952)

Mondnacht

Es war, als hätt der Himmel
Die Erde still geküsst,
Dass sie im Blütenschimmer
Von ihm nun träumen müsst.

Die Luft ging durch die Felder,
Die Ähren wogten sacht,
Es raunten leis die Wälder,
So sternklar war die Nacht.

Und meine Seele spannte
Weit ihre Flügel aus,
Flog durch die stillen Lande,
Als flöge sie nach Haus.

Joseph von Eichendorff
(vgl. Mondnacht, 2020)

Personenverzeichnis

Aborigines, Ureinwohner von Australien, vor 40.000 - 60.000 Jahren

Dante Alighieri (1265-1321) war ein italienischer Dichter und Philosoph (Göttliche Komödie)

Anaximander (610-547 v.Chr.), griechischer Philosoph der Vorsokratiker

Archimedes von Syrakus (287-212 **vor** Christus) war einer der größten mathematischen Genies der Antike

Dionysius Areopagita (um das 1. Jh. n. Chr.) ist der Name eines von Paulus bekehrten Besitzers des Areopag

Aristoteles (384-322 **vor** Christus) war ein griechischer Universalgelehrter und einer der berühmtesten Philosophen und Naturforscher in der Geschichte sowie Begründer der Wissenschaftstheorie und Naturphilosophie (Aristotelismus).

Augustinus Aurelius (354-430), numidischer Kirchenlehrer und Philosoph zwischen Spätantike und Frühmittelalter

Babylonier, Bewohner der südmesopotamischen Ebene im Umland der Stadt Babylon

Johann Sebastian Bach (1685-1750) gilt als bekanntester und bedeutendster Komponist der deutschen Musikgeschichte. Er war Kantor, zudem Orgel- und Cembalovirtuose des Barock

Felix Mendelssohn Bartholdy (1809-1847), deutscher Komponist der Romantik

Ludwig van Beethoven (1770-1827) war deutscher Komponist und Pianist, der die Wiener Klassik zum Höhepunkt führte. Wegbereiter der Romantik.

Gottfried Benn (1886-1956), deutscher Arzt und Dichter

Anton Bruckner (1824 – 1896), österreichischer Komponist der Romantik

Pieter Bruegel (1525 – 1569), Maler der niederländischen Renaissance

Thomas Carlyle (1795-1881), schottischer Historiker und Essayist

Marc Chagall (1887-1985), französischer Maler russisch – jüdischer Herkunft

John Constable (1776-1837), englischer Maler der Romantik

Demokrit (460-370 **vor** Christus) war ein griechischer vorsokratischer Philosoph. Er war Atomist, schrieb über Mathematik, Astronomie, Physik, Medizin, Logik, Ethik und Seelenlehre

Gustave Doré (1832-1883) war ein französischer Maler und Grafiker.

Albrecht Dürer (1471-1528), deutscher Maler und Graphiker

Joseph von Eichendorff (1788-1857), deutscher Dichter, Novellist und Dramatiker

Albert Einstein (1879-1955) war deutsch-schweizerisch-amerikanischer Physiker und gilt als der bedeutendste theoretische Physiker der Wissenschaftsgeschichte. Sein Hauptwerk: Die Relativitätstheorie. Entdeckungen zur Quantenphysik, Materie, Raum, Zeit, Gravitation. (Nobelpreis 1921). $E = mc^2$ (Energie = Masse mal Lichtgeschwindigkeit zum Quadrat).

Epikur (341-270 v. Chr.), griechischer Philosoph, Begründer des Epikureismus und der epikureischen Schule

Caspar David Friedrich (1774-1840), deutscher Maler der Frühromantik.

Galilei Galileo (1564-1641) war als Astronom, Philosoph und Kosmologe, Mathematiker, Ingenieur und Physiker wichtiger Begründer der modernen Naturwissenschaften.

Johann Wolfgang von Goethe (1749-1832) gilt als bedeutendster Dichter der deutschsprachigen Dichtung, dessen Werke zur Weltliteratur gehören. Vertreter des Sturm und Drang.

Vincent van Gogh (1853-1890), niederländischer Maler des 19. Jahrhunderts

Johannes Grocheo (1255-1320), franz. Musiktheoretiker des frühen 14. Jahrhunderts. Hat als erster den Begriff „Kirchenmusik" verwendet.

Georg Friedrich Händel (1685-1759) war deutsch-britischer Komponist und Pianist. Er gilt als einer der bedeutendsten Musiker der Geschichte (Barock).

Stephen Hawkin (1942-2018) war ein britischer Astrophysiker, der sich mit dem Urknall, der Quantenphysik und den Schwarzen Löchern befasst hat.

Joseph Haydn (1732-1809) war österreichischer Komponist der Wiener Klassik.

Heinrich Heine (1797 -1856), bedeutender deutscher Dichter und Überwinder der Romantik

Homer, frühester Dichter des Abendlandes; umstritten, ob er überhaupt gelebt hat.

Edward Olson Hulburt (1890-1982), amerikanischer Geophysiker

Alexander von Humboldt (1769-1859), deutscher Forschungsreisender mit weit über Europa hinausgehendem Wirkungsfeld

Wilhelm von Humboldt (1767-1835), deutscher Schriftsteller, Staatsmann und Gelehrter

Inka/Inkas, indigene, urbane Kultur in Südamerika (13.-16.Jh.v.Chr.)

Wassily Kandinsky (1866-1944) war russischer Maler, Grafiker und Kunsthistoriker, Künstler des Expressionismus und Begründer der abstrakten Kunst.

Immanuel Kant (1724-1804) war ein deutscher Philosoph der Aufklärung (Kritik der reinen Vernunft)

Theodore von Kármán (1881-1963) war ein ungarisch-amerikanischer Physiker und Luftfahrttechniker, nach dem die *Kármán-Linie* als gedachte Linie zwischen Erdatmosphäre und Weltraum benannt ist.

Johannes Kepler (1571-1630) entdeckte als Astronom, Astrologe, Optiker, ev. Theologe, Naturphilosoph und Mathematiker die Gesetze der Planetendrehung um die Sonne (Keplersche Gesetze).

Lü Bu We (300 – 235 v.Chr.), chinesischer Kaufmann, Politiker und Philosoph

Nikolaus Kopernikus (1473-1543) war Mathematiker, Arzt und Astronom. In seinem Hauptwerk *„De revolutionibus orbium coelestium"* dreht sich die Erde um die eigene Achse und um die Sonne (Heliozentrisches Weltbild).

Jean-Baptiste Lully (1632-1687) war italienischer Komponist des französischen Barocks.

Maya, indigenes Volk in Zentralamerika

Claude Monet (1840-1926) gilt als einer der wichtigsten Maler des Impressionismus.

Michelangelo di Lodovico Buonarroti Simoni (1475-1564) war als Maler, Bildhauer, Baumeister, Dichter der bedeutendste Künstler der italienischen Hochrenaissance. (Deckenmalerei in der Sixtinischen Kapelle).

Wolfgang Amadeus Mozart (1756-1791) war Salzburger Musiker und Komponist der Wiener Klassik.

Isaac Newton (1643-1727) war englischer Naturforscher und gilt als bedeutendster Wissenschaftler aller Zeiten. Seine Werke: Gravitationsgesetz, Bewegungsgesetze, Teilchentheorie des Lichtes, Lichtspektrum, Infinitesimalrechnung, Binomisches Theorem, (Newton-Skala). International wird **das Newton** (N) als Maßeinheit für die physikalische Größe der Kraft verwendet.

Nietzsche, Friedrich (1844-1900), deutscher Philosoph, Essayist Lyriker und Schriftsteller

Jean Paul (1763-1852) deutscher Schriftsteller zwischen Klassik und Romantik

Philo von Alexandrien (25 vor Chr.), jüdischer Philosoph und Theologe; gilt als bekanntester Denker des hellenistischen Judentums

Platon (428-347 vor Chr.) war ein antiker griechischer Philosoph und die bekannteste und einflussreichste Persönlichkeit der Geistesgeschichte. Er setzte Maßstäbe in der Metaphysik, Erkenntnistheorie, Ethik, Anthropologie, Staatstheorie, Kosmologie, Kunsttheorie und Sprachphilosophie.

Plotin (205-270 n. Chr.), antiker Philosoph und Begründer des Neuplatonismus

Claudius Ptolemäus (ca.100-160 n.Chr.) war ein griechischer Mathematiker, Geograph, Astronom, Astrologe und Philosoph, nach dessen Auffassung die Erde das Zentrum des Weltalls war und sich alle Himmelskörper um die Erde als *Centrum Mundi* drehten (Ptolemäisches Weltbild).

Henry Purcell (1659-1695), englischer Komponist des Barock

Pythagoras von Samos (570-510 v. Chr.) war ein antiker griechischer Philosoph (Vorsokratiker), Mathematiker und Naturwissenschaftler

Rayleigh John Strutt, 3. Baron Rayleigh (842-1919) war ein englischer Physiker, der 1904 einen Nobelpreis für Physik erhielt und nach dem die Rayleigh Streuung benannt wurde.

Rembrandt van Rijn (1606 – 1669), einer der bedeutendsten und bekanntesten niederländischen Künstler des Barock

Pierre-Auguste Renoir (1841-1919) war einer der bedeutendsten Maler des französischen Impressionismus.

Domenico Scarlatti (1685-1757), italienischer Komponist

Friedrich Schiller (1759-1805) war Arzt, Philosoph Dichter, Historiker und gilt als der bedeutendste deutsche Dramatiker und Lyriker in der Weltliteratur. (Sturm- und Drang)

Arthur Schopenhauer (1788-1860) war ein deutscher Philosoph, Autor und Hochschullehrer.

Heinrich Schütz (1585-1672), deutscher Komponist des Frühbarock

Lucius Annaeus Seneca (Beginn der Zeitrechnung) war ein römischer Philosoph, Dramatiker, Naturforscher und Stoiker.

Sumerer (3. Jahrtausend vor Christus) waren eine Hochkultur im südlichen Mesopotamien.

Thales von Milet (624-544v.Chr.), vorsokratischer Naturphilosoph, Geometer und Astronom

William Turner (1775-1851), englischer Maler, Aquarellist und Zeichner. Bedeutendster bildender Künstler der Romantik.

Stichwortverzeichnis

Ambrosianischer Gesang, eine im 4. Jh. n.Chr. entstandene Form der Liturgie und Kirchenmusik. Sie ist im Tessin und in der Region um Mailand bis heute erhalten.

Apokryphen sind religiöse Schriften jüdischer, bzw. christlicher Herkunft zwischen etwa 200 bis 400 nach Christus.

Astronomie ist eine Naturwissenschaft, die sich mit Objekten des Weltalls beschäftigt (Monde, Planeten, Sterne, Kometen, Planetoiden), ihrem Aufbau, Eigenschaften, Bewegungen, Entwicklungen (Sternenkunde).

Astrophysik erforscht die physikalischen Eigenschaften und chemischen Zusammensetzungen von Himmelskörpern sowie deren Veränderungen und Entwicklungen (Strahlung, Gravitation, Licht, Neutrinos, etc.) Die Astrophysik ist ein Teilgebiet der Astronomie.

Atmosphäre (astronomisch), eine gasförmige Hülle, die die Erdkugel und andere Himmelskörper umgibt. (Der Mond hat keine Atmosphäre).

Atomismus (griech. a-tomos, nicht teilbar), ein Bereich besteht aus kleinsten, nicht teilbaren fundamentalen, oder auf andere Elemente reduzierbaren Elementen.

Barock (1650-1730) ist eine Epoche der europäischen Kunstgeschichte.

Barockmusik ist eine Epoche der abendländischen Kunstmusik im 17. Und 18. Jahrhundert.

Buyan, psychische Kraft in der schamanischen Mythologie

Choral, ursprünglich die in der Liturgie der Westkirche einstimmige Kirchenmusik. Auch bekannt als Gregorianischer Choral, dem *Cantus Romanus*

Coricancha, heiliger Sonnentempel der Inka in Cuzco/Peru

Dämmerung, ein Zeitintervall vor dem Sonnenaufgang und nach dem Sonnenuntergang

Bürgerliche Dämmerung : Sonnenhöhe von 0,8-6 Grad unter dem Horizont

Nautische Dämmerung : Sonnenhöhe von 6-12 Grad unter dem Horizont

Astronomische Dämmerung : Sonnenhöhe von 12-18 Grad unter dem Horizont

Elysium (griech. Mythologie), Ort, in den antike Helden, die Außerordentliches geleistet haben, entrückt werden, ohne dass sie den Tod erleiden; "Ort der Seligen."

Empyreum, im Weltbild der antiken und scholastischen Philosophie der oberste Himmel, der sich über der Erde wölbt, der Bereich des Feuers oder des Lichtes, die Wohnung der Seligen.

Etymologie, Wissenschaft von der Herkunft und Geschichte der Wörter und ihrer Bedeutungen

Evolution (lat. evolvere: herausrollen, ausrollen, entrollen), die allmähliche Veränderung der vererbbaren Merkmale einer Population von Lebewesen und anderer organischer Strukturen von Generation zu Generation

Exosphäre, äußerste Schicht der Erdatmosphäre

Expressionismus, Stilrichtung der Kunst Anfang des 20. Jahrhunderts

Impressionismus, Malerei im 19. Jahrhundert, hervorgegangen aus einer Bewegung französischer Maler

Firmament (spätlat. firmamentum „der über der Erde befestigte Himmel"), das Himmelsgewölbe in frühen kosmologischen Modellen.

Geozentrisches Weltbild (altgriech. geokentrikó: erdzentriert), Zentrum der Welt ist die Erde, um die alle Himmelskörper kreisen.

Gregorianischer Choral *(lat. cantus choralis sive ecclesiasticus),* ein einstimmiger ursprünglich unbegleiteter liturgischer Gesang der röm.-kath. Kirche in lateinischer Sprache.

Heliozentrisches Weltbild (griech. helios: Sonne, kentron: Zentrum) auch Kopernikanisches Weltbild, in dem das Zentrum der Welt die Sonne ist, um die sich die Erde und die Planeten bewegen.

Himmelsäquator, die Projektion des Erdäquators auf die Himmelskugel

Himmelspol, die gedachte Verlängerung der Erdachse durch die Himmelskugel

Himmelsscheibe von Nebra, kreisförmige Bronzeplatte mit der Darstellung astronomischer Phänomene (3700 – 4100 Jahre alt). Seit 2013 Teil des UNESCO Weltdokumentenerbes in Deutschland

Horizont, die senkrechte Ebene, die sich zur Blickrichtung vom Beobachter zum Zenit ergibt

Hymne/Hymnus, ursprünglich ein feierlicher Preis- und Lobgesang als Ausdruck hoher Verehrung

Kantate, eine Formenfamilie von mehrsätzigen musikalischen Werken für eine oder mehrere Gesangsstimmen und Instrumentalbegleitung.

Liturgie, die Ordnung und Gesamtheit der religiösen Zeremonien und Riten des jüdischen und christlichen Gottesdienstes

Moksha, die Befreiung aus der Verkettung von Geburt, Tod und Wiedergeburt als letztes und höchstes Ziel im Hinduismus

Motette, in der mehrstimmigen Vokalmusik ein Gattungsbegriff seit dem 13. Jahrhundert

Plejaden, ein offener, sehr heller Sternhaufen als Teil der Milchstraße

Prolog, Vorspiel/Vorspruch eines dramatischen Werkes

Rangi und Papa, Vater Himmel und Mutter Erde (Māori, Neuseeland)

Rayleigh Streuung ist die Streuung des Lichtes an Teilchen der Atmosphäre, deren Radius im Verhältnis zur Wellenlänge des Lichtes sehr klein ist.

Renaissance, europäische Kulturepoche, 15./16. Jahrhundert

Romantik, kulturgeschichtliche Epoche, 18./19. Jahrhundert

Sixtinische Kapelle ist innerhalb des Apostolischen Palastes eine Kapelle, deren Name auf Papst Sixtus IV. zurückgeht. Erbaut wurde sie von 1474 bis 1483, steht nördlich des Petersdoms und ist über die Vatikanischen Museen zu betreten.

Stratosphäre, Schicht der Erdatmosphäre zwischen 15km und 50km (Höhe zur Erdoberfläche)

Tengrismus, aus dem Schamanismus hervorgegangene älteste polytheistische Religion aller mongolischen und Turkvölker Zentralasiens

Thermosphäre, Höhenbereich, der Erdatmosphäre, in dem ihre Temperatur mit der Höhe ansteigt

Troposphäre, unterste Schicht der Erdatmosphäre, in der sich die Wettervorgänge abspielen

Traumzeit, die Aborigines glaubten, die Welt sei in einer „Traumzeit" von den Vorfahren erschaffen worden. Als die Welt fertig war, seien die Vorfahren *in* die Erde zurückgekehrt, aber sie hätten ihre Geister hinterlassen.

Zenit ist an der Himmelskugel der Punkt, der zum Horizont eine Winkeldistanz von 90 ° besitzt. Sein Gegenpunkt ist der *Nadir*.

Zirkumpolar werden Himmelskörper genannt, die nicht untergehen (abhängig von der geographischen Breite des Beobachters).

Literaturverzeichnis

Albrecht Dürer und die Kartierung der Sterne

www.monumente-online.de.himmelskarten-sternkarten-duerer

An die Freude

de.wikipedia.org/wiki/An_die _Freude, Stand. 02.03.2020

Archimedes-Wikipedia

de.wikipedia.org/wiki/Archimedes, Stand 05.03.2020

Astronomie

de.wikipedia.org/wiki/Astronomie, Stand 07.12.2019

Astronomie – Albrecht Dürer und die Sternkarte (Archiv)

www.deutschlandfunk.de/astronomie-albrecht-duerer-und-die-sternkarte,Stand 09.12.2013

Astronomie: Wie groß ist der Himmel

de.faz.net/aktuell/weltraum/astronomie-wie-groß-ist-der-himmel

Astrophysik

de.wikipedia.org/wiki/Astrophysik

Astrophysik: Blick in einen neuen Himmel

www.tagesspiegel.de /Wissen

Atmosphäre

de.wikipedia.org/wiki/atmosphäre

Atmosphäre als Hülle der Erde – TU Braunschweig

pci.www.tu-bs.de/aggericke/kap_IV/Atmosphaere

Atmosphäre der Erde – ESKP

www.eskp.de/schadstoffe/atmosphaere-der-erde-935158

Atmosphäre – Lexikon der Geographie

www.spektrum.de/lexikon/geographie/atmosphäre

Atomismus

de.wikipedia.org/wiki/Atomismus, Stand

Augustins philosophischer Grund – Achim Wagenknecht

achimwagenknecht.de/Augustin/a3stod.htm, 09.02.2006

Bach-Werke-Verzeichnis-Wikipedia

de.wikipedia.org/wiki/Bach-Werke-Verzeichnis, Stand 07.03.2020

Baustile 4: Barock

www.f-rudolph.info/kirchenbau/baustile-4-barock, 17.03.2020

Berühmte Astronomen

geboren.am/themen/naturwissenschaften

Blaue Stunde

de.wikipedia.org/wiki/Blaue_Stunde, Stand, 10.03.2020

Blaue Stunde – Deutsche Lyrik

www.deutschelyrik.de/blaue-stunde-1851

Berühmte Zitate – Musik

www.quotez.net/german/music, Stand 08.03.2020

Coricancha

de.wikipedia.org/wiki/Coricancha, 2020

Das Thema: Harmonie zwischen Himmel und Erde

www.br.de/.../radio.wissen/Religion/Chinas Religionen

Das wissenschaftliche Bibellexikon im Internet

www.bibelwissenschaft.de/stichwort

Demokrit

de.wikipedia.org/wiki/Demokrit, Stand 06.03.2020

Demokrit – philosophische Grundgedanken – die Atomlehre

www.anderegg-web.ch/phil/demokrit, Stand 05.03.2020

Der 7. Himmel / Fragen zwischen Himmel und Erde

www.domradio.de/fragen-zwischen-himmel-und-erde

Diatonische Tonleiter – Musikwissenschaften.de

musikwissenschaften.de /Lexikon, Stand 07.03.2020

Die deutschen Sprichwörter, Karl Simrock (1846) S.218

books.google.de/books, Stand 04.03.2020

Die Himmel erzählen die Ehre Gottes

de.wikipedia.org/wiki/Die_Himmel_erzählen_die_Ehre_Gottes, Stand 24.01.2020

Die Himmel rühmen

de.wikipedia.org/wiki/Die_Himmel_rühmen, Stand 24.01.2020

Die Sternkunde der Babylonier

Link.springer.com/content/pdf, Stand 29.01.2020

Dionysius Areopagita

anthrowiki.at/Dionysius_aeropagita, Stand 20.01.2020

Doré Gustave

de.wikipedia.org/wiki/Gustave_Doré, Stand 20.01.2020

Edward Olson Hulburt

de.wikipedia.ord/wiki/Edward_Olson_Hulburt, Stand, 10.03.2020

Eisler-Kant: Himmel über mir (moralisches Gesetz in mir)

www.textlog.de/32414html,Stand 08.02.2020

Empyreum

de.wikipedia.org/wiki/Empyreum, 08.03.2020

Epikur (2011) *Der Weg zum Glück.*

Köln, Deutschland: Anaconda-Verlag, S. 139

Erdatmosphäre

de.wikipedia.org/wiki/Erdatmosphäre, 08.03.2020

Etymologisches Wörterbuch des Deutschen

Koblenz, 2013

Fixpunkte der Himmelskugel: Pole und Äquator

www.br-online.de/spacenight/sterngucker/erde/himmelspole, Stand 16.03.2020

500 Tonnen und schwerer – warum können Flugzeuge fliegen

www.t-online.de/leben/reisen/reisetipps...

Geometrie auf der Kugel: Alltägliche Phänomene rund um Erde und Himmel

www.amazonde.Geometrie-auf-Kugel-Alltägliche-Sekundarstufe/dp/3662529416, Stand 21.01.2020

Geschichte der Astronomie,

de.wikipedia.org/wiki/Geschichte-der-Astronomie, Stand 08.03.2020

Geschichte der Mathematik

de.wikipedia.org/wiki/Geschichte der Mathematik, Stand 03.03.2020)

Gibt es verschiedene Ebenen im Himmel

www.gotquestions.org/Deutsch/ebenen/himmel, Stand 04.03.2020

Giesow, Norbert *Die Maya Mythologie – Maya Kalender*

www.mayakalender.com/Maya, Stand 02.03.2020

Göttliche Komödie/purgatorio

anthrowiki.at/Göttliche_Komödie/Purgatorio. Stand 26.12.2018

Gregorianischer Choral – Kathpedia

www.kathpedia.com/title=Gregorianischer_Choral, Stand 07.03.2020

Halfwassen, Jens *Der Aufstieg zum Einen.* 2006, Berlin, Deutschland: De Gruyter Verlag, S.222 u. S. 262

Himmel

de.wikipedia.org/wiki/Himmel

Himmel – Historisches Wörterbuch der Philosophie online

www.schwabeonline.ch/schwabe-xaveropp/elibrary/start

Himmel – Lexikon der Physik – Spektrum der Wissenschaft

www.spektrum.de/lexikon/physik/himmel/6731

Himmel (Mythologie/Religion) aus dem Lexikon – Wissen.de

www.de.lexikon/himmel-mythologiereligion

Himmel (planetär)

de.wikipedia.org/wiki/Himmel_(planetär)

Himmel (planetär) – Physik - Schule - Cosmos – indirekt

Physik.cosmos-indirekt.de/Physik-Schule-Himmel_(planetär)

Himmel (Religion)

de.wikipedia.org/wiki/Himmel_(Religion)

Himmel – Schopenhauers Kosmos

www.schopenhauers-kosmos.de/Himmel, Stand 05.03.2020

Himmelsmechanik

de.wikipedia.org/wiki/Himmelsmechanik, Stand 11.10.2019

Himmel und Hölle - Informationsdienst Wissenschaft

dw.online.de, Stand 11.03.2020

Himmel und Hölle. Medien – Gesellschaft

www.medien-gesellschaft.de.html.himmel_und_hoelle, Stand 12.05.2011

Johann Wolfgang von Goethe „Prolog im Himmel"

Kalliope.org/text

Johannes de Grocheo

de.wikipedia.org/wiki/Johannes_de_Grocheo, Stand 08.03.2020

Kandinsky, Wassily (1952) *Über das Geistige in der Kunst*

Bern, Schweiz: Benteli Verlag: S.92

Kultur und Geschichte: Bauliche Errungenschaften des Kaisers Yongle in der Ming Dynastie

de.minghui.org/html/articles/2015/10/27/117419p.html

Lexikon der Astronomie, Astrophysik – Astronomie.info

lexikon.astronomie.info/stichworte/Astrophysik

Mathematik – Treppe zum Himmel

www.sueddeutsche.de/wissen/spiralen-wissenschaft-phaenomene-1.4544566-5, Stand 14.01.2020

Nachthimmel

de.wikipedia.org/wiki/Nachthimmel

Nietzsche, Friedrich, Also sprach Zarathustra-Zeno.org.

www.zeno.org./Philosophie/Also+sprach+Zarathustra, Stand 05.03.2020

Milchige Wasserstraße der Inka - Die Himmel einer anderen Kultur

www.deutschlandfunk.de, Stand 13.07.2018

Moksha

de.wikipedia.org/wiki/Moksha, Stand 11.03.2020

Mondnacht – Deutsche Lyrik

www.deutschelyrik.de/mondnacht.581.html

Naturwissenschaft und Philosophie: Der gestirnte Himmel

www.faz.net/Feuilleton/Forschung und Lehre

Mythologie der Inka

de.m.wikipedia.org Stand 14.02.2020

Mythologie der Maori

de.wikipedia.org/wiki/Mythologie-der-Maori Stand 14.02.2020

Polarlichter: wie Polarlichter entstehen - [GEOLINO]

www.geo.de/Geolino/Natur- und-Umwelt, Stand 10.03.2020

Pöppelmann Christa (2008) *Wer sagte was?*
Die bekanntesten Aussprüche und Zitate.

München, Deutschland: Compact Verlag

Prantl, Petra-Alexa (2020) *Die blaue Stunde mit Seneca.*

Hamburg, Deutschland: Tredition-Verlag, S. 54

Pressematerial "Der Nürnberger Himmel"

museen.nuernberg.de./pressematerial/duerer-sternkarten-von-1515,Stand
12.01.2020

Rangi und Papa

de.m.wikipedia Stand 11.02.2020

Rayleigh – Streuung

de.wikipedia.org/wiki/Rayleigh-Streuung

Rayleigh-Streuung – Lexikon der Geographie

www.spektrum.de, Stand 09.03.2020

Seelenlehre – Platon heute

Platon-heute.de/seelnlehre.html, Stand 06.03.2020

So sieht Dante den Himmel in seiner „Göttlichen Komödie"

www.br.de/nachrichten/kultur/so-sieht-dante-den-himmel...

Spektralfarben

de. wikipedia.org/wiki/Spektralfarben

Sphärenharmonie

de.wikipedia.org/wiki/Sphärenharmonie, Stand 08.03.2020

Sternenhimmel

de.wikipedia.org/wiki/Sternenhimmel

Sternkarte

de.wikipedia.org/wiki/sternkarte

Sternkarten von Albrecht Dürer – Astronomie in Nürnberg

www.astronomie-nuernberg.de.category=duerer

Sternstunden der Astronomie

docplayer.org/48300411-Sternstunden-der-Astronomie.html

Stonehenge: Die Entstehung des mythischen Steinkreises

www.focus.de/Wissen/Mensch/Archäologie/Legenden, Stand 12.03.2020

Religion

www.wikipedia.org/wiki/Sumereische_Religion, Stand 08.03.2020

Te Deum

de. wikipedia.org/wiki/Te_Deum, Stand 08.03.2020

Tengrismus

de.wikipedia.org/wiki/Tengrismus, Stand 14.02.2020

Turmbau zu Babel

De.wikipedia.org/wiki/Turmbau_zu_Babel, Stand 24.01.2020

Über den Himmel

de.wikipwdia.org/wiki/Über_den_Himmel

Warum ist der Himmel blau?

Physik einfach erklärt – T-Online

www.t-online.de/leben/familie/warum-ist-der-himmel-blau-physik, Stand 01.02.2019

Was ist Mathematik? – Mathematik.de

www.mathematik.de/mathematik/was-ist-mathematik, Stand 17.04.2017

Welt der Physik. Die Entstehung der Atome

www.weltderphysik.de/teilchen/atome-und-molekuele/geschichte, Stand 05.03.20

Welt der Physik: Wie entstehen Himmelsblau und Abendrot?

www.weltderphysik.de/thema/hinter/den /dingen

Wie entstehen Gewitter? -Planet Schule

www.planet-schule.de/die-Erde/Barrierefrei/pages, Stand, 10.03.2020

Wie entsteht ein Regenbogen? – SimplyScience

www.simplyscience.ch/teens-liesnach-archiv/articles, Stand 10.03.2020

Wissen Spezial zum Thema „Himmel"

www.zeit.de./DIE ZEIT Archiv/Jahrgang 1996/ Ausgabe: 01, Stand 29.12.1995

Wo Himmel und Erde sich berühren (Archiv)

www.deutschlandfunkkultur.de/wo-himmel-und-erde-sich-berühren,Stand, 11.03.2020

Woher kommt Himmel/Wortherkunft von Himmel/wissen.de

www.wissen.de/Himmel, Stand 03.03.2020

Wyller Egila, *Der späte Platon.* 1970, Hamburg, Deutschland: Felix Meiner Verlag

Über den Himmel – Anthrowiki

Anthrowiki.at/Über_den_Himmel, Stand 05.03.2020

Zitate über Musik von Heinrich Heine

gutzitiert.de, Stand, 06.03.2020

Zum geschichtlichen und geistlichen Hintergrund der Gotik

www.herder-oberschule.de/madincea aufg0010/gotiktext, Stand 12.03.2020

Zum Himmel hoch, der Erde entgegen

www.zeit.de Seite 4, 13.032020

Zeitfracht Medien GmbH
Ferdinand-Jühlke-Straße 7
99095 Erfurt, Deutschland
produktsicherheit@kolibri360.de